Música de América

Vera Wolkowicz

Música de América

Estudio preliminar y edición crítica

Wolkowicz, Vera
Música de América: Estudio preliminar y edición crítica - 1a ed. - Buenos Aires
: Teseo; Biblioteca Nacional (Investigaciones de la Biblioteca Nacional), 2012.
250 p. ; 20x13 cm.
ISBN 978-987-1859-02-3
1. Música. I. Título
CDD 780.9

© Biblioteca Nacional, 2012

© Editorial Teseo, 2012

Buenos Aires, Argentina

ISBN 978-987-1859-02-3

Editorial Teseo

Hecho el depósito que previene la ley 11.723

Para sugerencias o comentarios acerca del contenido de esta obra,
escríbanos a: **info@editorialteseo.com**

www.editorialteseo.com

Director de la Biblioteca Nacional: Horacio González
Subdirectora de la Biblioteca Nacional: Elsa Barber
Director de Cultura: Ezequiel Grimson
Área de Investigaciones: Cecilia Larsen
Área de Publicaciones: Sebastián Scolnik
Diseño de tapas: Alejandro Truant
Ilustración de tapa: Eliseo Viola

Agradecemos a Pablo Williams, Gabriela Martínez Castro, Ana María I. Bunster,
Universal Music Publishing y Melos Ediciones Musicales por hacer posible la
presente edición.

Índice

Presentación 11

Las partituras contenidas
en la revista *Música de América*

Estudio preliminar 15
1. Introducción 15
2. Algunas cuestiones acerca del nacionalismo musical 16
3. *Música de América. Revista mensual de arte* 18
4. Gastón O. Talamón 29
5. Los compositores y las obras 32
6. La iconografía 45
7. Para concluir 46

Bibliografía 47

Hemerografía 51

Partituras

Nota sobre la edición 54

André, José
Flor de cardo 55

Aracena Infanta, Aníbal
Leyenda de la tarde..59

Beruti, Pablo M.
Nostalgia llanera..66

Bisquertt, Próspero
La niñita regalona 69

Preludio núm. 4..71

Boero, Felipe
Ariana y Dionysos. Segundo cuadro: Danza de Bacantes....72

Broqua, Alfonso
La Cruz del Sud..77

Carrasco, Alfredo
Háblame 80

Castro, José María
Humoreske..83

Cluzeau Mortet, Luis
Río indígena 87

Cortés López, Joaquín
Sarabanda. De la *suite op. 7* 92

De Herrera y Lerena, Enrique
Regreso..95

De Rogatis, Pascual
A ti única 99

De Rubertis, Víctor
Giga..106

Dente, Domingo
Ninna-Nanna 110

Fabini, Eduardo
Sarandí en la corriente 113

Fornarini, Eduardo
Evangélica 115

Forte, Vicente
El zorzal 120

Gil, José
La abeja 124

Gómez Carrillo, Manuel
Qué linda sois (vidala en tono mayor) 129
Bailecito 131
Vidala (de lejas tierras) 133
Canto indígena 135
Zamba 137
El cuando 141

López Buchardo, Carlos
Campera (al estilo popular) 144

Luzzatti, Arturo
Preludio 150

Machado, Alberto
Canción triste 154

Massa, Juan Bautista
Canción del boyero 158

Palau, Gabriel
Ballet de marionnettes 162

Pallemaerts, Edmundo
En los Andes 167

Pasqués, Víctor A.
La blanca rosa 174

Pereira, Celerino
La chilota (cueca) 178

Ponce, Manuel M.
Lejos de ti 179
Las mañanitas 182

Rodríguez, Ricardo
Las mariposas 184

Salgado, Francisco
Romanza núm. 2 para piano 188

Schiuma, Armando
Canción variada 192

Stiattesi, César A.
Triste 198

Torrá, Celia
Beati mundo corde (*motet a 3 voix mixtes*) 206

Torre Bertucci, José
El indiecito de Pichi-Mahuida 209

Ugarte, Floro M.
Saika. Segundo cuadro: un bosque encantado 214
Bajo el parral 220

Valle-Riestra, José María
Ollanta. Acto 2: Dúo Yaraví 226
Ollanta Yaraví. Piano solo 229

Villalba Muñoz, Alberto
Canción serrana. Núm. 2 231
Canción serrana. Núm. (4) 3 234

Villa-Lobos, Heitor
A prole do bebê. 3. Caboclinha 237

Williams, Alberto
Santos Vega bajo un sauce llorón (milonga) 242
Adiós a la tapera (milonga) 246

Presentación

En 1920 comenzó a editarse la revista *Música de América*. Desde ese momento hasta su cierre en 1922, todos los meses publica partituras musicales destinadas a un público que podría reproducirlas en sus hogares. Talamón, su director, afirmaba la existencia de una estética musical americana, a cuya promoción y difusión dedicó la revista.

Vera Wolkowicz, en el estudio preliminar a la recopilación de estas partituras, explora las complejidades de la construcción de una identidad musical y el carácter contradictorio que presentó esa empresa en estas latitudes. Porque los nacionalismos musicales, como el que guía la empresa de Talamón, se inspiraban en parámetros europeos que afirmaban la existencia de una singularidad musical americana, que se basaría en ciertos rasgos peculiares del lugar de origen. Inspirada en estas ideas, la revista se propuso el rescate de lo incaico como sustrato identitario para la creación musical.

Sin embargo, en lo que se refiere a lo estrictamente musical (sonoro), las piezas que efectivamente circulaban en la revista no se apartaban de la música académica europea. Los elementos musicales que se incorporaban eran citas musicales literales de canciones populares, giros melódicos, patrones rítmicos, e incluso "aires" folclóricos "donde lo autóctono no es necesariamente intrínseco a las obras, sino que se valida en la intención del autor y la recepción del público". Será en el plano discursivo donde se afirmará lo nacional, antes que en la sonoridad.

Complejidad y contradicción, decíamos, de la construcción de una imagen de nación que siempre arrastra mecanismos de homogeneización, subsunción de las diferencias y apuestas utópicas. En este caso, lo utópico provendría de la suposición de que era posible condensar las variedades sonoras del continente en una sola estética común provista por lo incaico.

Rastrear esos intentos y también esas complejidades fue uno de los objetivos que tuvo el concurso de becas de investigación llamado por la Biblioteca Nacional durante el año 2009. En las vísperas del Bicentenario, se convocó a la presentación de proyectos destinados a relevar el fondo patrimonial de la institución, con relación a las representaciones y querellas de la nación. Un jurado integrado por Gisela Catanzaro, Jorge Lafforgue y Eduardo Rinesi seleccionó cinco investigaciones para ser realizadas.

De ese modo, se sumaba a las rememoraciones y a los festejos, la mirada sobre la construcción de la identidad, los linajes y tradiciones culturales, y las narraciones de la comunidad.

En este libro publicamos la recopilación que la investigadora Vera Wolkowicz realizó de las partituras publicadas en la revista *Música de América* junto con el análisis de la apuesta y los dilemas de la publicación. El cuidadoso trabajo de compilación y transcripción permite poner en circulación nuevamente estas obras, valorarlas en tanto piezas musicales y analizarlas como parte de las querellas de la Nación.

Biblioteca Nacional

Las partituras contenidas en la revista *Música de América*

Intersecciones entre lo local y lo americano en la construcción de la nacionalidad argentina a comienzos de la década de 1920

VERA WOLKOWICZ

Estudio preliminar

1. Introducción[1]

Música de América fue una revista mensual editada en Buenos Aires desde marzo de 1920 hasta marzo de 1922, cuyo propósito fue propender hacia el fomento de una estética "americanista" constituida a partir de los nacionalismos musicales propios de cada país latinoamericano. Esta propuesta era en sí contradictoria, pues concebía una música que unificaba a toda América Latina partiendo de cada idiosincrasia, pero sobre la base de una música de raíz europea (como lo es la denominada música académica). Así, desde la publicación, se tendía a construir un discurso sobre la música latinoamericana que no era reflejo de la música en sí misma.

En cada número de *Música de América* se incluyeron piezas de diversos compositores de Argentina y de otros países latinoamericanos. El *corpus* permite observar esta contradicción, que no es privativa de esta revista, sino que parecería primar en el discurso en torno a la construcción de todo nacionalismo musical de la época, particularmente en América Latina.[2] Sin embargo, más allá de las diferencias entre una estética "utópica"[3] y una real (cuya música

---

[1] Se agradece profundamente a la Dra. Silvina Mansilla por sus orientaciones académicas en esta investigación. También a Claudia Kohen, José Ignacio Weber y Romina Dezillio, por sus atentas lecturas, y a Hernán D. Ramallo, por su asesoramiento en la edición de las partituras.

[2] "Tanto los nativismos decimonónicos como los nacionalismos del siglo XX ofrecen modelos de lo que *deben ser* los sonidos de la nación. Es importante conocerlos no tanto para comprender la 'esencia' de las naciones a través de sus sonidos, como para entender *las contradicciones entre sonido y discurso sobre el sonido, que esclarecen las desiguales luchas de poder que siempre se dan en torno a la representación sonora de la nación*" (Alejandro Madrid, 2010: 228. El énfasis es nuestro).

[3] Basamos este concepto en lo que desde la literatura se concibe como "utopía intelectual": "La condición de 'utopía intelectual' se erige como

suele sonar a la "manera europea", o como estilizaciones europeizantes de los folclores de origen colonial iberoamericano de cada región), la revista se comprende como parte integrante de la segunda etapa del nacionalismo musical argentino que a continuación pasaremos a detallar.

2. Algunas cuestiones acerca del nacionalismo musical

Los inicios del denominado nacionalismo musical en Argentina tienen sus orígenes en las postrimerías del siglo XIX, y hacen referencia a lo que se conoce como música "académica" o aquella que proviene de la tradición europea (particularmente franco-ítalo-germana pretendida como "universal").[4]

Más allá de que la obra para piano *El rancho abandonado*, compuesta por Alberto Williams, sea considerada o no, hoy en día, la primera pieza de nacionalismo musical argentino –como lo planteó el mismo autor–,[5] es un punto de partida hacia la conformación de esa tendencia estética. En una primera etapa, que va aproximadamente desde 1890 (año de la creación de *El rancho abandonado*) hasta 1920, la elaboración de obras nacionalistas surge de la relación entre elementos folclóricos tomados de la tradición de la guitarra enraizada en la cultura gauchesca y el lenguaje de la música académica europea. Estos elementos pueden ir desde citas musicales literales de canciones populares

---

resistencia a las incapacidades de la geografía para unificar un territorio cuya descripción física varía desde la Cordillera de los Andes hasta las playas atlánticas, pasando por diversas selvas entre las que sobresale la amazónica, e incidiendo de manera notoria en un Caribe cuyas islas han sufrido colonizaciones múltiples [...]". (Croce, 2009: 128).

[4] Sobre la pretensión de universalidad de la música académica proveniente de las naciones centrales de Europa véase la lectura que realiza la musicóloga Melanie Plesch (2008: 71) sobre el artículo de Carl Dahlhaus "Música y Nacionalismo".

[5] Para una refutación sobre ésta como la primera pieza nacionalista argentina, véase Plesch (1992: 196-202).

hasta giros melódicos, patrones rítmicos e incluso "aires" folclóricos en donde lo autóctono no es necesariamente intrínseco a las obras, sino que se valida en la intención del autor y la recepción del público como tal.[6] Si consideramos el concepto de *nación* como una construcción que se imagina y se va formando a través de valores simbólicos creados desde los sectores que detentan el poder, como ha sido planteado por historiadores contemporáneos como Eric Hobsbawm (1995) y Benedict Anderson (1991), podremos figurarnos claramente que la intención de crear una música nacional argentina desde el ámbito de la música académica sea uno de esos elementos de valor simbólico en la construcción de la imagen de la Nación Argentina. Como ya ha sido señalado, la importancia no radica en el propio material musical, sino en la *intención* de crear una imagen nacional que "recupere" elementos de la cultura popular, basada, sobre todo en este primer período, en la nostalgia de la figura del gaucho.[7]

Luego, en una segunda etapa, algo posterior a la época de los Centenarios, la construcción de la nacionalidad argentina a través de la música académica parece extender progresivamente su horizonte geográfico y cultural. Esa extensión se logra apelando al "rescate" del pasado

---

[6] Seguimos el lineamiento de Dahlhaus según el cual la estética nacional no depende exclusivamente de los elementos que componen a la obra considerada como objeto autónomo e independiente, sino por sobre todo, pensándola como constructo histórico-social, por el cual lo nacional se convalida si hay una intención por parte del compositor de propugnarla, y, a su vez, los oyentes de aceptarla como tal. El ejemplo más significativo que lo ratifica es el de los himnos y canciones patrias. Véase Dahlhaus (1980: 79-101).

[7] Para Plesch (2008: 57-108), la construcción mítica de la figura del gaucho surgió como contrapartida del inmigrante proveniente de las zonas más pobres de Europa, el cual se encontraba lejos de configurar la inmigración esperada por Sarmiento y Alberdi para la constitución de la Nación Argentina.

aborigen (entendido como "lo incaico") y a la búsqueda de sintonía con lo que sucedía a nivel musical en otros países latinoamericanos. Habría entonces en la construcción de una música "argentina", y a su vez latinoamericana, lo que la musicóloga Malena Kuss define, prefiriendo omitir la formulación de "nacionalismo musical", como una "identificación con una substancia percibida como regional, o nacional".[8] Nuevamente observamos que, al igual que los elementos de música folclórica versados en la imagen del gaucho, lo aborigen e incaico se corresponden con un imaginario sobre su música que es trasladado al ámbito académico. Este ideario no es excluyente de los compositores argentinos, sino que forma parte también de la creación de otros autores iberoamericanos, produciendo una especie de pan-nacionalismo o, por vincularse simultáneamente tanto con elementos folclóricos como con aquellos elementos aborígenes que conectan al vasto territorio latinoamericano, lo que podría denominarse como nacionalismo / americanismo.

3. *Música de América. Revista mensual de arte*

El primer número de la publicación pertenece al mes de marzo de 1920, y el último hallado corresponde a un número doble de febrero y marzo de 1922. Si bien éste no da indicios de la finalización de la revista, las dos colecciones

---

[8] Dice Kuss (1998: 138): "En Latinoamérica, la identificación con una sustancia percibida como 'nacional' se presenta dentro de una dialéctica entre la identificación del compositor con una América utópica, y la identificación con una sustancia folklórico / popular de presencia más inmediata, un 'folklore' definido por características más locales. La América utópica de raíces sumergidas en el pasado precolombino sugiere recreaciones que hasta podrían ser calificadas de 'románticas' (en su impreciso sentido de evocar lo 'infinito'), y se nutre de mitos y cosmovisiones indígenas. O sugiere obras épicas que recrean el mito de la unidad latinoamericana [...]".

que se conservan llegan hasta este mismo número que es el primero del tercer año, sumando un total de veintitrés (diez números del primer año, doce del segundo y uno del tercero).[9]

A lo largo de esos dos años, el director de *Música de América* fue el crítico musical Gastón Talamón (1883-1956), a quien, debido a su intensa labor como promotor del nacionalismo musical, le dedicaremos especial atención más adelante. A su vez, la revista fue codirigida por algo más de un año por el violinista Néstor Cisneros.[10] Luego, siguió bajo la dirección única de Talamón hasta el último número encontrado, en el que figura como codirector el pianista y compositor Luis Le-Bellot.[11]

La revista tiene una estructura fija, aunque no todas las secciones aparezcan en todos sus números. Luego de la portada y previo al inicio de cada número, aparece insertado un pliego o cuadernillo que contiene, bajo el título "notas extranjeras", artículos sobre actividades musicales fuera de Argentina (mayormente europeas y algunas americanas) y avisos de diversa índole: desde publicidades de

---

[9] Las dos colecciones de la revista que se conservan se encuentran una en la Biblioteca Nacional, a la que le falta sólo el número IV del año II, y la otra en la Biblioteca de Música de la Universidad Católica Argentina, que, si bien está algo más incompleta que la primera, tiene el número que le falta a aquella para completar el volumen.

[10] En el número IV del año II (abril de 1921), hay un artículo firmado por "La dirección" anunciando la renuncia de Cisneros a la codirección de la revista.

[11] La labor de Le-Bellot en el campo de las revistas culturales comienza con la dirección de la publicación *Apolo* en 1919 (editada en Rosario, provincia de Santa Fe) y codirigida en su segundo año junto con Evar Méndez, quien fuera posteriormente director de la ilustre *Martín Fierro*, en la que Le-Bellot escribe durante sus comienzos, antes de radicarse en Europa, sobre las estéticas musicales contemporáneas. Véase Corrado (2010: 38 y 75. Sobre todo la nota al pie número 227). La revista *Apolo* tiene un diseño muy similar al de *Música de América* y los ilustradores de ambas revistas son los mismos.

conservatorios hasta venta de pastas dentífricas o muebles de oficina. Salvo en aquellos artículos en los que se indica expresamente que se trata de un extracto de una publicación extranjera, en los demás, que no llevan firma, se vislumbra la escritura de Talamón, ya que en ellos se realiza una constante comparación entre el suceso extranjero y lo que acontece en el arte nacional. Tal es el caso de un artículo sobre la música en Rumania. El autor escribe: "El gobierno rumano, a pesar del deplorable estado de las finanzas, de la crisis ocasionada por la guerra, se preocupa del desarrollo cultural con una atención que desearíamos ver en nuestro gobierno".[12] A veces, los comentarios son un poco más ácidos e irónicos, como el que puede leerse en el número siguiente a propósito del homenaje realizado en Holanda a un director de orquesta:

> ¿Imagina el lector semejante fiesta en Buenos Aires en homenaje a un artista? [...] No, por cierto; la *seriedad* del país se vería comprometida. Que se pasee triunfalmente un campeón ganadero, un toro que pesa centenares de kilos, un Botafogo, honra y prez del país... íbamos a decir de la raza es lógico; pero que se festeje a un señor que marca el compás, que hace música, que colorea telas o transforme el barro en monigotes, es indigno de país civilizado...[13]

Al primer pliego, le sigue el comienzo formal de la revista, en un papel más grueso y opaco, donde figuran la viñeta de carácter indigenista que acompaña al título, fecha y número de la publicación y su director o directores. Los artículos que dan inicio a la publicación suelen versar sobre

---

[12] "Rumania", *Música de América*, año I, núm. IV, junio de 1920, (s/p). Una dificultad que posee la revista es que, debido a la inserción de diversos pliegos como el de noticias extranjeras y del suplemento musical, las páginas no están numeradas, a excepción de las partituras.

[13] "Holanda. El jubileo de Wilhem Mengelberg", *Música de América*, año I, núm. V, julio de 1920.

diversos temas musicales y están escritos por diferentes personalidades del mundo intelectual, no siempre ligadas directamente al ámbito musical. El caso más emblemático es el del escritor Ricardo Rojas, quien en el primer número de la revista publica, como es esperable, un artículo donde promueve la construcción de un arte americano y argentino, entre otros escritos destacables, aparecidos en números posteriores.

Los aportes de Ricardo Rojas y de Leopoldo Lugones constituyen parte fundamental del ideario político del nacionalismo musical que propugna la revista, y sobre todo su director Gastón Talamón. De esta manera, el discurso sobre lo nacional se posiciona, en los términos de Adriana Arpini, en:

> Una visión que tiende a homogeneizar los rasgos culturales asociados a factores biológicos como la raza; [estos discursos] naturalizan la relación entre ser y deber ser y universalizan ideológicamente ciertos valores propios de un grupo o sector social. Se configura, así, una ideología nacionalista excluyente, montada sobre una asimetría en relación con *los otros* que están entre *nosotros*: los inmigrantes, los habitantes del "desierto", la masa ignorante y anárquica, los partidarios del "extranjerismo liberal". (Arpini, 2004: 50. El énfasis es del original).

Esta concepción ciertamente nos retrotrae una vez más a la contradicción de tratar de conformar un latinoamericanismo musical sustentado, no sólo –y como ya hemos mencionado– en las diferencias entre las particularidades de cada folclore musical, sino también a través de la *selección* y *exclusión* de aquellos elementos folclóricos *necesarios* para la construcción de un lenguaje musical nacional. Enfatizamos esta palabra porque la elección de los elementos folclóricos no es una necesidad real, sino que proviene del mismo discurso sobre lo nacional que plantearon los escritores mencionados. Pero es sobre la base de la música "universal", que no es ni más ni menos que la música académica de cierta parte de Europa occidental, anclada particularmente en la estética romántica, que esa aspiración de la música local se construiría.[14]

Sin embargo, la aparición de artículos como el del pianista español Ricardo Viñes[15] y la contribución de otros músicos y críticos vinculados al modernismo musical –movimiento que en América Latina está comenzando a gestarse por estos años–, producen una nueva contradicción en la revista. Otra vez, se percibe la tensión entre la estética nacionalista (sea desde el discurso como desde la práctica) y la modernista, la cual busca, a través de la vuelta al pasado clásico y al desarrollo de las formas, desligarse del subjetivismo propio del romanticismo. A pesar de que en *Música de América* prime la constitución de una estética nacionalista desde las concepciones político-ideológicas ya mencionadas, es interesante poder observar cómo se le otorga espacio a un pensamiento que se encuentra en las antípodas del que se quiere transmitir, sin que la contradicción afecte al mensaje.

También conforman el *corpus* de artículos de las primeras páginas de cada número de la revista escritos de

---

[14] Sobre las selecciones y exclusiones del folclore, es muy interesante el caso de México, como lo explica el artículo de Ricardo Pérez Montfort (1998: 118-119). En el caso del nacionalismo musical argentino, una de las músicas populares excluidas fue el tango, reivindicado luego desde las obras de aquellos compositores que constituyeron la modernidad musical del país. (Corrado, 2010: 76-77 y 222).

[15] Viñes fue conocido por ser un importante difusor del repertorio musical moderno, sobre todo ejecutando obras de Debussy, Ravel, Satie, Falla y el Grupo de los Seis antes de que estos artistas fueran conocidos. Sobre su labor como difusor del modernismo véanse al respecto los textos del propio Viñes titulado "Liszt precursor" y Vicente Forte "La música moderna y Ricardo Viñes", en *Música de América*, año I, núm. VI, agosto de 1920; como también Corrado (2010: 98-99).

músicos, musicógrafos, musicólogos, demás escritores y otros profesionales tanto argentinos como de otras partes de América.[16] En algunos casos, también se incluyen traducciones de artículos publicados en revistas musicales extranjeras escritos por personalidades europeas. Los autores publicados, siguiendo el orden de aparición en la misma revista, son: Ricardo Rojas, Jean d'Udine, Arturo Giménez Pastor, Gastón O. Talamón, Juan Carlos Dávalos, Víctor Mercante, Gregorio Passianoff, Vicente Forte, Ricardo Viñes, Alfonso Broqua, Ernesto Vernavá, Theodore Roosevelt, Manuel M. Ponce, Romain Rolland, Ildefonso Falcao, Georges Jean-Aubry, Massico Zatti Bianco, Carlos B. Quiroga, Felipe Pedrell, Teodor de Wyzewa, M. Daubresse, Pedro Pablo Traversari, Joan Lamote de Grignon, Víctor de Rubertis, Franck Choisy, Delfina Bunge de Gálvez, Roberto J. Payró, Leopoldo Lugones, Joaquín V. González, Rogelio Villar, Alberto Villalba Muñoz, Joaquín Nin, Edmundo Pallemaerts, Félix E. Etcheverry, Julio Giménez Rueda, Rafael Alberto Arrieta, Wenceslao Jaime Molins, Eugenio Petit Muñoz, Adolfo Salazar, Carlos César Lenzi, Camille Saint-Saëns, André Mangeot, Martiniano Leguizamón, Gustavo E. Campa, Mario Roso de Luna. Además, fueron publicados los escritos de una serie de figuras destacadas del ámbito de la música y de la literatura en respuesta a una encuesta realizada por la propia revista con respecto a la creación de una Orquesta Sinfónica Municipal.[17]

---

[16] Decimos "América" y no "Latinoamérica" porque hay publicado un artículo del presidente norteamericano Theodore Roosevelt sobre el nacionalismo en el arte. Roosevelt, Th., "El nacionalismo en la literatura y en el arte", *Música de América*, año I, núm. VI, agosto de 1920.

[17] La encuesta salió en *Música de América* dividida en dos partes, en los números 3 y 4 del año II, correspondientes a los meses de marzo y abril de 1921, y quienes la respondieron fueron: Jerónimo Zanné, Salustiano Frías, Ernesto de la Guardia, Manuel Gálvez, Benjamín Larroque, Rafael A. Arrieta, José Gil, Carlos López Buchardo (por la *Asociación Wagne-*

Cada sección de *Música de América* está caracterizada por una viñeta que refleja su título. El apartado que sucede a los primeros artículos es el titulado "Nuestra Música Aborigen". Aunque el encabezado de esta sección no figure en todos los números, muchos de los textos publicados en la primera sección de la revista elaboran esta temática. Los artículos aquí expuestos versan sobre dos tipos de música. La primera y que verdaderamente se configura como representación de lo aborigen es la música incaica, construyéndose una suerte de "ideal" latinoamericano de lo indígena ligado a ella. Como bien lo explica Kuss:

> La imposibilidad científica de reconstruir el pasado musical precolombino [...] nos lleva sólo a una aproximación de la experiencia sonora precolombina y estimula la necesidad de recrearla, sugiriendo un paralelo entre esta necesidad y la fuerza regeneradora del pasado griego para el renacimiento, la emergencia del barroco, el clasicismo y neo-clasicismo europeos. [...] Este arsenal inagotable perpetúa también el mito de la unidad latinoamericana en la percepción de un pasado común. (Kuss, 1998: 138-139).

La otra parte de los textos trata sobre la música de origen colonial iberoamericano, es decir, los folclores propiamente dichos.

Los artículos que se publicaron en esta sección son: "La música incásica", por Sixto M. Durán;[18] "Payador o Pallador", por Wenceslao Jaime Molins;[19] "Estudio sobre la música Mexicana", por Manuel M. Ponce;[20] "Arte Nativo",

---

riana de Buenos Aires), Víctor Mercante, M. Aliana (por la *Asociación Filarmónica Argentina*) y Joaquín Cortés López.

[18] *Música de América*, año I, núms. II, III y IV, abril, mayo y julio de 1920.
[19] *Música de América*, año I, núm. V, junio de 1920.
[20] *Música de América*, año I, núms. VII, VIII y IX, julio, agosto y septiembre de 1920. La primera entrega (año I, núm. VII) del artículo no figura bajo la sección "Nuestra Música Aborigen", sino que aparece bajo el título de la revista.

por Gastón O. Talamón;[21] "Origen de la música incaica", por Esteban M. Cáceres;[22] y "Sixto M. Durán", por Aurelio Martínez Mutis.[23]

El apartado siguiente se titula "Teatro Lírico", y generalmente trata sobre las óperas representadas en el Teatro Colón y en el Teatro Coliseo.[24] Estos artículos aparecen a veces sin firma, otras veces firmados por Gastón Talamón, y hacia mediados del segundo año de la revista por las siglas G. de la R. (desconocemos a quién pertenecen estas iniciales).[25] Sobre el Colón, el o los articulistas suelen hacer referencias negativas hacia la empresa, argumentando que se preocupa más por el lucro que por hacer arte. Esto se debe en gran medida a que las temporadas estaban organizadas por empresas privadas que obtenían una especie de concesión sobre el teatro, por lo cual era más probable que organizaran las representaciones en función de la cantidad de público concurrente que por la elección de un repertorio moderno y/o latinoamericano, como estimara el director de la revista. En los artículos se remarca la incesante repetición de las mismas obras, generalmente de la lírica italiana, y la falta de estrenos y promoción de obras de compositores argentinos.[26]

---

[21] *Música de América*, año II, núm. III, marzo de 1921.
[22] *Música de América*, año II, núm. X, octubre de 1921.
[23] *Música de América*, año II, núm. XII, diciembre de 1921.
[24] Decimos que la sección versa sobre la ópera generalmente y no siempre ya que, por ejemplo, en el número IV del año I (junio de 1920) se publica una crónica realizada por el periodista y escritor uruguayo Leopoldo Thevenin en homenaje a su reciente fallecimiento.
[25] En el primer número de la revista también hay dentro de esta sección un par de artículos firmados por el compositor uruguayo Alfonso Broqua y las siglas C.P.
[26] La musicóloga Silvina Mansilla ha puesto de relieve comentarios similares sobre el Teatro Colón realizados por el compositor Julián Aguirre en su columna "La semana musical", publicada en el semanario *El Hogar* entre 1920 y 1924. Véase Mansilla (en prensa: 193-197).

Al parecer, según Talamón, el empresario del Teatro Coliseo, a diferencia del que decidía en el Colón, llevó a escena repertorios líricos más interesantes y novedosos. Pero las representaciones no eran de gran calidad, y el crítico llegó a decir que terminaban arruinando o desmereciendo a esas grandes obras que se daban a conocer. Veamos, por ejemplo, el siguiente comentario:

> El señor Walter Mocchi es un empresario de grandes aspiraciones y de mucho amor propio. Una historia superficial del teatro lírico en Buenos Aires, diría que a él débense los estrenos de *Salomé*, *Parsifal*, *Prince Igor*, *La Peri*, la venida del maestro Félix Weingartner, etc.: un estudio crítico, serio y profundo, probaría que *Salomé*, dirigida por el mediocrísimo Barone fue detestable, que *Parsifal* por Marinuzzi fue un espectáculo incompleto [...] Diría al fin que los teatros dirigidos por el Sr. Mocchi, son usinas, monstruosas usinas, en las que la obra de arte sólo existe en los carteles y en uno que otro factor, pues, como queda dicho, si las intenciones de este señor son siempre buenas, las realizaciones son desastrosas.[27]

Generalmente, previo a esta sección, se encuentra insertado en la revista un suplemento musical –al cual nos referiremos más adelante– conteniendo dos o más piezas de música.

A las crónicas y críticas líricas, le sigue la sección "Conciertos". Aquí se narran y comentan todas las audiciones del mes realizadas en diferentes teatros de Buenos Aires, y a veces de otras provincias del país y países vecinos. Además, se escriben artículos individuales sobre los conciertos organizados por asociaciones musicales de la época. Así, la sección comienza con algún concierto destacado, y luego, el espacio de la publicación se va dividiendo

---

[27] G.O.T. [Gastón O. Talamón], "Teatro Coliseo. 'Parsifal'", *Música de América*, año I, núm. VI, agosto de 1920.

en diferentes escritos subtitulados bajo el nombre de los músicos y/o las asociaciones que intervienen. Entre las asociaciones que se destacan figuran: la *Sociedad Argentina de Música de Cámara y Sinfónica*, la *Asociación Wagneriana*, la *Sociedad Nacional de Música*, la *Sociedad Argentina de Conciertos Sinfónicos*, la *Asociación Filarmónica Argentina*, la *Associazione Italiana di Concerti*, y la *Singakademie Buenos Aires*. También se hace mención a empresarios que se dedican a traer importantes músicos del extranjero, como por ejemplo, la empresa Quesada-Grassi, que además publicita sus conciertos en la revista.

Los artículos sobre los conciertos suelen estar firmados por el nombre completo o por siglas, y los comentaristas suelen ser críticos musicales o músicos. Quienes escribieron frecuentemente en esta sección son: Gastón Talamón, quien firma bajo sus iniciales G.O.T.; Néstor Cisneros, quien también utiliza sus iniciales para firmar los artículos y solía estar a cargo de las críticas sobre conciertos de violín; Arturo Luzzatti, que firma con nombre completo al igual que Vicente Forte; Eduardo Fornarini, que firma también con sus iniciales, y otros.[28]

En la revista *Música de América* se le dedicó un lugar especial al desarrollo de la pedagogía musical, particularmente en Buenos Aires, en la sección titulada "Conservatorios". En esa época, había una gran cantidad de academias e institutos musicales, que eran muy requeridos porque el aprendizaje musical básico, sobre todo en las niñas y señoritas, era

---

[28] Además de los autores ya mencionados encontramos las siguientes firmas: Alejandro Savelieff, C.P., R.R., Carlos A. Tarelli, Alberto Machado, R.A., M.R.C., Luis Le-Bellot, Beckmesser, Víctor Montagne, R.G., P.L.B., L. Moisset de Espanés, C. Scoseria, V.F.C., Gregorio Passianoff, A.S. [¿Alejandro Savelieff?], F.B. [¿Felipe Boero?], R.R.A., V.F. [Vicente Forte], R.A.A., G.P. [¿Gregorio Passianoff?], A. Lakran, E.F. [Eduardo Fornarini], José André, Víctor de Rubertis, A.B. [¿Alfonso Broqua?], T., B., X., L.A.B., B.P.B., R., A.A., S., I., G de la R.

una costumbre social instaurada (Huseby y Plesch, 1999: 212-214). En la sección se comentan los conciertos de los alumnos en un tono menos severo que el empleado para las críticas regulares de conciertos. Según la propia publicación, la diferencia de criterio se funda en una cuestión pedagógica, considerándose el hecho de que los ejecutantes actuaban en calidad de alumnos. Los conservatorios más reseñados son: el *Conservatorio de Música de Buenos Aires*, dirigido por Alberto Williams; la *Escuela Argentina de Música*, dirigida por Julián Aguirre; el *Instituto Musical Santa Cecilia*, dirigido por los músicos Héctor Forino, Ferruccio Cattelani y Cayetano Troiani; el *Conservatorio Argentino*, dirigido por Edmundo Pallemaerts; el *Conservatorio Thibaud-Piazzini*, y el *Conservatorio Fracassi-D'Andrea*, entre otros. Varias de estas instituciones se publicitaban, además, en la misma revista.

El único apartado no musical es el denominado "Literatura", que sitúa a *Música de América* del lado de las revistas culturales de la época. Se leen aquí, casi siempre, comentarios sobre libros de poesía recientemente publicados, que firma el escritor Rafael de Diego bajo las siglas R.D.[29]

La última sección de las revista es la de "Notas". Se escriben en ella comentarios musicales de tipo anecdótico, a veces reflexivo, o artículos que no fueron pasibles de ser ubicados en otras secciones.

El pliego previo a la revista continúa como últimas páginas de cada ejemplar, en donde aparecen publicadas, sucesivamente, fotos de músicos según los siguientes títulos: "Nuestro suplemento musical", con una foto y una pequeña biografía del compositor cuya obra fue publicada en el número. Le sigue "Actualidad artística", donde se

---

[29] Se sabe que esas iniciales pertenecen a este poeta ya que en el primer número de la revista se lo indica como redactor de la sección.

incluyen algunas fotos de los músicos destacados en la revista por algún concierto brindado, o por algún artículo especial que hayan tenido. Y en tercer lugar, "Por nuestros conservatorios - Alumnos que se destacan", donde, como bien indica el título, se publican las fotos de los estudiantes sobresalientes y se notifica el nombre del estudiante, el instrumento que interpreta y su maestro.

Para concluir, las últimas páginas se componen de una "guía de profesionales", en donde aparecen los nombres y datos de profesores de diversos instrumentos, a veces con su foto, a la que le siguen los avisos de conservatorios e institutos musicales, y luego, los llamados almacenes de música.

4. Gastón O. Talamón

El musicógrafo y crítico Gastón Talamón tuvo un desempeño relevante en la construcción y promoción del nacionalismo musical argentino que desarrolló a través de sus escritos en diversas publicaciones de la época (Mansilla, 2010: 68). A partir de 1922 y hasta su muerte publicó artículos musicales en el diario *La Prensa*, y fue crítico musical de la revista *Nosotros* entre 1914 y 1935. Realizó también colaboraciones para las revistas musicales *La Quena* (dirigida por Alberto Williams), *Tárrega* (cuyo dueño era O. M. Vignardel y su director artístico Carlos Vega),[30] *Apolo* (dirigida por Luis Le-Bellot y luego también por Evar Méndez) y *Música* (revista chilena dirigida por Aníbal Aracena Infanta), entre muchas otras.[31] Su labor como director editorial se conoce a través de *Música de América* y, según varias fuentes, por la revista *Indoamérica*

---

[30] Véase Donozo (2009: 161-162).
[31] Mansilla (2010: 68-69) menciona también colaboraciones en *Buenos Aires Musical, El momento musical, Revista de SADAIC* y un artículo en *La Revue Musicale* de París.

de 1935, de la cual no se ha detectado ningún ejemplar aún.[32] Además, participó en la fundación de la revista *Martín Fierro*, aunque nunca publicó en ella (Corrado, 2010: 27).

A raíz de la lectura de sus artículos tanto en *Música de América* como en otras publicaciones, observamos la complejidad y las contradicciones que revela Talamón en su defensa y fomento de un nacionalismo / americanismo musical, propias también de los discursos en torno a lo nacional que circundaban en la época.[33] Fundamentalmente, se percibe en su discurso un pensamiento elitista, propio de los nacionalismos que se crean desde "arriba", es decir, de los sectores que detentan el poder. Estas ideas se construyen en torno al concepto de elevar a la condición de arte –esto es, "academizar" o europeizar, aunque desde esta perspectiva debiéramos decir "universalizar"– las piezas de la música popular. Se trata de ideas que no sólo reflejan el pensamiento de Talamón, sino también del nacionalismo musical en general (y de los nacionalismos latinoamericanos en particular). Sin embargo, se expone, a través de la revista, una intención de "democratizar" la escucha y de que el repertorio pueda ser accesible a todas las clases sociales.[34] A su vez, Talamón –que se muestra como un wagneriano a ultranza–,[35] critica duramente a los

---

[32] Véase al respecto la nota al pie 7 en Mansilla (2010: 73).

[33] Sobre los discursos de los intelectuales latinoamericanos en torno al concepto de *nación* véase Funes (2006: 69-136).

[34] Un ejemplo de ello es el constante reconocimiento en los artículos dedicados a la *Asociación Filarmónica Argentina* fundada por León Fontova, por los conciertos gratuitos realizados por esta asociación "que ponen al alcance de todos manifestaciones de arte reservadas generalmente para las clases pudientes". "Conciertos - *Asociación Filarmónica Argentina*", *Música de América*, año I, núm. II, abril de 1920.

[35] Un rasgo particular del crítico fue una especie de antiitalianismo que se refleja en sus críticas negativas sobre el repertorio y los empresarios del Teatro Colón. En defensa de éstos, según Omar Corrado, se forma una especie de "frente antiwagneriano" difundido ampliamente desde la revista *Disonancias* (1927-1932). (Corrado 2010: 75.) Sobre las

compositores argentinos que componen música académica pura, sin la menor intención de hacer "música nacional", y no obstante, otorga en su revista diversos espacios a compositores vinculados con la modernidad y con la incipiente vanguardia musical, que no sólo intentan despegarse del estilo de la música nacionalista sino que además lo critican duramente.[36] Los pensamientos divergentes, por tanto, coexisten yuxtapuestos en un mismo espacio sin la menor vacilación.

Por otro lado, la defensa de una música nacionalista/ americanista, ya de por sí contradictoria, es difícilmente sustentable, como puede leerse en los artículos de Talamón que abogan por ella:

> La evolución artística de todos los países, cuya personalidad espiritual está en formación, es la siguiente: inicia imitando, más o menos servilmente, los modelos extranjeros, hasta que surge un verdadero temperamento, sensible a las influencias del ambiente, que *basándose en el canto popular* –la más sublime y la más típica manifestación espiritual de una raza– *construye, siempre inspirándose en las formas consagradas,* obras que con el tiempo y mediante la labor de varias generaciones de artistas, llegan a formar una nueva nacionalidad espiritual, que enriquece, con sus modalidades propias, con sus innovaciones, el patrimonio artístico de la humanidad.
>
> En el arte musical argentino, fácil es seguir esa evolución, que si bien ha sido rapidísima (en nuestro continente los años valen por siglos) no ha llegado aún a culminar, exis-

---

rivalidades entre nacionalismo e italianismo musical existentes desde fines del siglo XIX, véase Weber, "Desentramar la crítica. Las estrategias modernizadoras del gusto en las críticas de conciertos orquestales en Buenos Aires a fines del siglo XIX" (en Mansilla, dir., en prensa: 102-108).

[36] Tal es el caso de las críticas de conciertos escritas por el italiano Eduardo Fornarini, quien fue maestro de varios integrantes del grupo de vanguardia musical de la Argentina que se constituyó en 1929 como "Grupo Renovación".

tiendo una fuerte resistencia al Americanismo –*me parece impropio decir argentinismo; pues estoy convencido que conforme existe un solo idioma en el continente, en el futuro solo habrá un lenguaje musical*– por parte de muchos músicos que *encandilados* por los grandes y pequeños astros de Europa, prefieren ser satélites de éstos, a zurcar [sic] los libres espacios ofrecidos al músico por el admirable y rico folklore de América.[37]

Estos párrafos, que Talamón escribe para la revista *Música* de Chile en el artículo titulado "El estado actual de la música Argentina", resumen y condensan varias de las ideas aquí expuestas.

5. Los compositores y las obras

En los veintitrés números que publicó *Música de América* entre 1920 y 1922, se han contabilizado un total de cincuenta piezas de treinta y nueve compositores de diversos países latinoamericanos, en su mayoría de Argentina, y luego, de México, Uruguay, Chile, Perú, Brasil y Ecuador.[38]

Las obras son en su mayoría para piano o canto y piano; algunas de ellas reducciones de ópera. Hay publicadas también dos piezas para violín y piano y una obra coral a tres voces. Las dificultades técnicas varían de algunas más o menos sencillas a otras de carácter casi virtuosístico. Sin embargo, más allá de las dificultades de ejecución, las obras fueron publicadas con la intención de que los lectores de la revista –en mayor o en menor medida– pudieran tocarlas.

---

[37] Talamón, Gastón O., "El estado actual de la música Argentina", *Música*, año II, núm. 5, Santiago de Chile, mayo de 1921, p. 6. El énfasis es nuestro salvo la palabra "encandilados", que se encuentra en itálicas en el original.

[38] Los datos biográficos de los compositores publicados en *Música de América* fueron extraídos mayormente del *Diccionario de la música española e hispanoamericana*. Emilio Casares (dir.), Madrid, SGAE, 1999-2002, 10 Tomos.

El *corpus* de obras y sus respectivos compositores publicados en la revista se develan eclécticos. Las piezas van de aquellas que, si bien estilizadas, presentan rasgos folclóricos propios de cada país, es decir, netamente "nacionalistas" (como por ejemplo las milongas de Alberto Williams o los arreglos de canciones típicas mexicanas como las de Manuel M. Ponce); a otras que son puramente académicas (como *Ninna-Nanna* del compositor uruguayo Domingo Dente o *Humoreske* del argentino José María Castro). De las piezas de índole "americanista" –llamando así a aquellas que usan elementos de tipo incaico según las concepciones de la revista y de la época–, hay algunas que, sobre la base de la escala pentatónica, crean estilizaciones románticas a través del agregado de apoyaturas cromáticas, la incorporación de la sensible (la cual la escala pentatónica no posee, al igual que los cromatismos) y armonizaciones que exceden la escala original. Un ejemplo de ello es la reducción para dos voces y piano de un fragmento de la ópera *Ollanta* del compositor peruano José María Valle Riestra, titulado *Yaraví*. También figuran piezas que se pretenden nacionalistas pero que lejos están de serlo. Tal es el caso de *Canción triste*, subtitulada "melodía popular", de Alberto Machado, que según el comentario publicado en la revista es "la primera obra al estilo popular de este compositor argentino", y en la que se aprecia "la ciencia con la que Machado ha realizado una idea inspirada en las modalidades de nuestros cantos autóctonos".[39] Sin embargo, los rasgos autóctonos no sólo no se perciben, sino que además el elemento más "popular" que aparece en la obra es una cita de dos compases de la conocida *Serenata* de Franz Schubert.

---

[39] "Nuestro suplemento musical", *Música de América*, año I, núm. VI, agosto de 1920.

Así como las obras, los compositores también se instalan en diversas tendencias.[40] Fueron publicados aquellos que, por 1920, ya formaban parte del nacionalismo musical de su país. En Argentina, es fundamental mencionar a Alberto Williams y a compositores como Carlos López Buchardo, Felipe Boero, Floro M. Ugarte como cultores pilares de esta corriente.[41] Sin embargo, no todas las obras publicadas son representativas del nacionalismo musical. Tal es el caso de los fragmentos de las óperas *Saika* de Floro Ugarte y *Ariana y Dionysos* de Felipe Boero. Como bien indican los títulos de estas partituras, lejos estaban de tratar, siquiera desde el libreto, una temática nacional, pero aparecieron publicadas, sin embargo, previamente a sus respectivos estrenos en el Teatro Colón, entendiéndose este gesto de la revista como una manera de promover las obras.[42] También fueron publicados compositores que

---

[40] Es importante destacar que los compositores publicados pertenecen a diferentes generaciones y presentan diversos grados de experticia musical debidos a la edad, como a su respectiva formación, que se reflejan en las obras editadas a lo largo de los dos años de la revista.

[41] Otros compositores publicados que forman parte del nacionalismo musical argentino con diferentes niveles de relevancia dentro de este canon son José André, Joaquín Cortés López, Pablo M. Beruti, Pascual de Rogatis, Vicente Forte, José Gil, Juan Bautista Massa, Ricardo Rodríguez y José Torre Bertucci. Figura importante es también la del compositor Manuel Gómez Carrillo quien recopiló y arregló canciones del folclore del Noroeste argentino, de las cuales algunas se publicaron en *Música de América*. Además, se incluye en la corriente nacionalista a la compositora Celia Torrá (aunque no esté representada en la pieza publicada). La incorporación de una obra de esta autora en la revista es sumamente importante, ya que representa la profesionalización de la mujer en el ámbito de la música en la Argentina. Otra pieza publicada pertenece a Víctor A. Pasqués que, según la revista, es un aficionado musical. "Nuestro suplemento musical – *Víctor A. Pasqués*", *Música de América*, año II, núm. IX, septiembre de 1921.

[42] En este período ambos compositores tenían obras de carácter "nacional" o "americano", por lo cual el único motivo que justifica su publicación se debe a la intención de publicitar sus inminentes estrenos. También se percibe en esta época la intención de promover el nacionalismo

se radicaron en la Argentina, quienes en algunos casos adoptaron el nacionalismo musical con mayor o menor grado de implicancia, como Edmundo Pallemaerts, Arturo Luzzatti, Víctor de Rubertis, Armando Schiuma y César A. Stiattesi.[43] Ubicadas en la corriente modernista son las obras de Eduardo Fornarini y José María Castro.

Con respecto a los compositores de otros países latinoamericanos, sucede algo similar a los argentinos. En el caso de Uruguay, el nacionalismo musical está representado por las obras de Eduardo Fabini, Alfonso Broqua y Luis Cluzeau-Mortet.[44] Mientras que los compositores Domingo Dente y Enrique de Herrera y Lerena no sólo no representan al nacionalismo musical, sino que tampoco son figuras relevantes –sobre todo el último– para la música de ese país.

De los compositores chilenos, el único que perteneció a la corriente nacionalista fue Próspero Bisquertt (aunque las obras publicadas en *Música de América* no lo reflejen), mientras que los otros dos (Aníbal Aracena Infanta y Celerina Pereira Lecaros) se afincan en el estilo romántico con piezas de salón.[45] La relación entre Aracena Infanta y Talamón que se observa en el intercambio de artículos y partituras entre las revistas *Música* y *Música de América* posiblemente haya motivado la publicación de la pieza de aquel.

Manuel M. Ponce fue un importante promotor del nacionalismo musical mexicano a través tanto de sus

---

musical a través de lo que representan los compositores como figuras propulsoras de tal corriente en lugar de, lo que en muchos casos, reflejan en verdad sus obras.

[43] Se publicó también la pieza de un sacerdote español residente en argentina llamado Gabriel Palau del que sólo se ha obtenido información a través de la revista. "Conciertos - R. P. Gabriel Palau", *Música de América*, año II, núm. X, octubre de 1921.

[44] Véase Salgado (1980: 96-111). De estos tres compositores, el más relevante para la música académica uruguaya es Eduardo Fabini.

[45] Se agradecen estos datos a la musicóloga Carmen Peña Fuenzalida.

composiciones como de sus escritos en la revista *México Moderno* y en la dirección de la *Revista Musical de México*. Sin embargo, el otro compositor mexicano publicado en *Música de América*, Alfredo Carrasco, representa la música romántica de salón al igual que los chilenos Pereira y Aracena Infanta.

El peruano José María Valle-Riestra también pertenece a la corriente romántica, pero hacia el final de su vida se inclina hacia el nacionalismo musical. El padre Alberto Villalba Muñoz refleja asimismo en su obra el estudio de la música incaica o de raigambre andina en el uso libre de la escala pentatónica.

Francisco Salgado es considerado uno de los pioneros del nacionalismo musical ecuatoriano (Godoy Aguirre, 2002: 592), y es fácil suponer una amistad hacia Talamón, ya que la pieza publicada en la revista está dedicada a él.

La labor compositiva de Heitor Villa-Lobos en Brasil, como es sabido, es sumamente relevante. Su tendencia modernista de este período, con raíces ancladas en elementos de orden folclórico de su país, se refleja en la obra publicada en la revista, que pertenece a la serie de piezas características para piano *Prole do bebê* ('La familia del bebé').[46]

El cuadro que presentamos a continuación comprende un listado alfabético de los compositores y las obras publicadas en *Música de América* con el número y año de edición en la revista, además del país de origen del compositor (en algunos casos de radicación). Se brinda información también acerca de la instrumentación de la pieza y otros datos que acompañan a la partitura, como por ejemplo, el nombre del autor de la letra (en el caso de las canciones) o las fechas de composición. La última columna refiere a otras ediciones de las partituras que se han podido encontrar en algunos casos.

---

[46] Sobre las relaciones entre el compositor brasileño y el ámbito musical argentino véase Mansilla (2007: 42-63).

Compositor	Obra	País	Año y N°	Orgánico	Comentarios	Otras fuentes
José André	*Flor de cardo*	Argentina	II-VII	Canto y piano	Poesía de Carlos Ortiz	–
Aníbal Aracena Infanta	*Leyenda de la tarde*	Chile	II-II	Piano	Dedicado a la Sra. Elena K. de Merino y Srita. Adriana Kohenena M.	En revista *Música*, años IV y V (número único), Santiago de Chile, 1923-1924
Pablo M. Beruti	*Nostalgia llanera*	Argentina	III-I	Piano	–	Edición Lottermoser, Buenos Aires, 1948
Próspero Bisquertt	1. *La niñita regalona* 2. *Preludio núm. 4*	Chile	1. II-XII 2. III-I	Piano (las dos obras)	1. (16-XII-1919)	–
Felipe Boero	*Ariana y Dionysos* (2° cuadro: *Danza de Bacantes*)	Argentina	I-IV	Piano	Poema de Leopoldo Díaz. Reducción para piano de un fragmento de ópera. Edición de *Música de América*	–
Alfonso Broqua	*La Cruz del Sud* (drama lírico en 3 actos y 5 cuadros)	Uruguay	I-I	Canto y piano	¿Reducción? Poema y música de Broqua	–
Alfredo Carrasco	*Háblame* (canción mexicana- original)	México	II-III	Canto y piano	Letra: María Luisa	–

Compositor	Obra	País	Año y N°	Orgánico	Comentarios	Otras fuentes
José María Castro	Humoreske	Argentina	I-IX	Piano	A Elvira Viale (Buenos Aires, marzo de 1918)	En el archivo familiar (de Gabriela Martínez, nieta del compositor) se conserva un borrador de esta obra
Luis Cluzeau Mortet	Río indígena	Uruguay	III-I	Canto y piano	Versos de Andrés Lerena Acevedo	Edición Ricordi, Buenos Aires, s/f. Se indica el lugar y año de composición: Montevideo, 1918
Joaquín Cortés López	Sarabanda (de la Suite op. 7)	Argentina	II-IV	piano	Dedicada al Mtro. Eduardo Fornarini	Suite opus 7 (IV. Sarabande). Edición de la Sociedad Nacional de Música, Buenos Aires, s/f
Enrique de Herrera y Lerena	Regreso	Uruguay	II-V	Canto y piano	A Rodolfo Canabal con afecto. Soneto de R. Canabal. (Montevideo 1913)	En revista Música, año II, núm. 11, Santiago de Chile, noviembre de 1921
Pascual de Rogatis	A ti única	Argentina(1)	I-I	Canto y piano	A Elena Rakowska de Serafín. Letra de Leopoldo Lugones (1919). Edición de Música de América	Edición de la Sociedad Nacional de Música, Buenos Aires s/f
Victor de Rubertis	Giga	Argentina(*)	I-X	Piano	A Alberto Williams	–

MÚSICA DE AMÉRICA

Compositor	Obra	País	Año y Nº	Orgánico	Comentarios	Otras fuentes
Domingo Dente	*Ninna-Nanna* (Pastorale)	Uruguay	II-V	Violín y piano	A Camilo Giucci	–
Eduardo Fabini	*Sarandí en la corriente*	Uruguay	II-XI	Piano	Reducción para piano	Según Graciela Paraskevaídis, podría tratarse de algún fragmento que después el compositor empleó en su poema sinfónico *Campo*
Eduardo Fornarini	*Evangélica*	Argentina(*)	I-IX	Canto y piano	–	–
Vicente Forte	*El zorzal*	Argentina	I-IV	Canto y piano	A mi querido amigo el Doctor Isaac López. Poesía de Edmundo Montagne (mayo de 1920). Edición de *Música de América*. Es propiedad del autor	Edición Lottermoser, Buenos Aires, 1949
José Gil	*La abeja*	Argentina	II-VI	Piano	A José María Franco	*Tres piezas* (núm. 3, *La abeja*). Edición de la Sociedad Nacional de Música, Buenos Aires, s/f

Compositor	Obra	País	Año y Nº	Orgánico	Comentarios	Otras fuentes
Manuel Gómez Carrillo (recopilador)	1. *Que linda sois* (vidala en tono mayor) 2. *Bailecito* 3. *Vidala* (de lejas tierras) 4. *Canto indígena* 5. *Zamba* 6. *El Cuando*	Argentina	1 a 4. II-I 5. II-II/III 6. II-III	1 a 4. Canto y piano 5. Piano 6. Violín y piano	Colección de la Universidad de Tucumán. Folklore del Norte Argentino. 1. Santiago del Estero, tomada en Loreto. 2. Tomado en Humahuaca 3. Tomada a Guillermo Agüero (La Ceja) 4. Tomado en Alto de la Torre (Jujuy) 5. Tomada a Baltazar Gallardo (arpista ciego) 6. Danza característica santiagueña	1. *Qué linda sois* (vidala). Edición Ricordi Americana, Buenos Aires, 1943. 3. *Colección de motivos danzas y cantos regionales del norte Argentino*. Recopilados y armonizados por el maestro Manuel Gómez Carrillo. 2ª serie (núm. 15 *Vidala. De lejas tierras*). Edición Ricordi, Buenos Aires, s/f. *Vidala* (de lejas tierras). En revista *Música*, año III, núm. 3, Santiago de Chile, marzo de 1922
Carlos López Buchardo	*Campera* (al estilo popular)	Argentina	I-I	Piano	Reducción para piano. A mi querido amigo Dr. Miguel Cané	Edición Ricordi Americana, Buenos Aires, 1949

MÚSICA DE AMÉRICA

Compositor	Obra	País	Año y N°	Orgánico	Comentarios	Otras fuentes
Arturo Luzzatti	*Preludio*	Argentina(*)	I-X	Piano	–	–
Alberto Machado	*Canción triste (melodía popular)*	Argentina	I-VI	Piano	A Sara G. P.	En revista *Música*, año II, núm. 10, Santiago de Chile, octubre de 1921
Juan Bautista Massa	*Canción del boyero*	Argentina	II-IX	Piano	A Félix Etcheverry	–
Gabriel Palau	*Ballet de Marionnettes*	Argentina(2)	II-X	Piano	–	–
Edmundo Pallemaerts	*En los Andes*	Argentina(3)	II-VIII	Piano	–	–
Victor A. Pasqués	*La blanca rosa*	Argentina	II-IX	Canto y piano	Letra de Leopoldo Lugones	–
Celerino Pereira	*La Chilota (cueca)*	Chile	II-IX	Piano	–	En revista *Música*, año I, núm. 11, Santiago de Chile, noviembre de 1920
Manuel M. Ponce	*1. Lejos de ti* *2. Las Mañanitas*	México	I-VII	Canto y piano	1. Letra y música de Ponce. 1 y 2. Edición de *Música de América*. Especialmente autorizada por los editores De la Peña Gil Hermanos (México)	–

Compositor	Obra	País	Año y N°	Orgánico	Comentarios	Otras fuentes
Ricardo Rodríguez	*Las mariposas*	Argentina	I-III	Canto y piano	Letra de Luis María Iglesias	6 canciones (núm. 6 *Las mariposas*). Edición Ricordi Americana, Buenos Aires, 1953
Francisco Salgado A.	*Romanza núm. 2 para piano*	Ecuador	I-I	Piano	A mi distinguido amigo Gastón O. Talamón. Edición de *Música de América*	–
Armando Schiuma	*Canción variada*	Argentina(*)	II-IV	Piano	A María Costa-Barbé	Edición sin nombre ni fecha [Es igual a la edición de *Música de América* pero con el agregado de la tapa con el nombre de la obra y del compositor] hallada en el Instituto Nacional de Musicología "Carlos Vega".
César A. Stiattesi	*Triste*	Argentina(4)	I-VII	Canto y piano	Letra de Luis Agote. Edición de Música de América	Edición de la Sociedad Nacional de Música, Buenos Aires, s/f)

Compositor	Obra	País	Año y N°	Orgánico	Comentarios	Otras fuentes
Celia Torrá	*Beati mundo corde* (*Motet a 3 voix mixtes*)	Argentina	II-X	Canto a tres voces	–	–
José Torre Bertucci	*El indiecito de Pichi-Mahuida*	Argentina	I-VI	Canto y piano	Letra P[ablo] Cavestany (núm. 12 del libro titulado "Madrigales"), 1919	Cuatro canciones. Edición Breyer Hermanos, Buenos Aires, 1919
Floro M. Ugarte	1. *Saika*. Cuento de hadas en un acto y dos cuadros (segundo cuadro: Un bosque encantado) 2. *Bajo el parral*. Núm. 1 de las Baladas Argentinas	Argentina	1. I-III 2. II-XI	Canto y piano	1. Versión para piano (poema y música de Ugarte)	1. *Saika*. Manuscrito en versión de canto y piano de la ópera hallado en el Instituto Nacional de Musicología "Carlos Vega". 2. *Baladas Argentinas* (núm. 1: *Bajo el Parral*) Edición de la Sociedad Nacional de Música, Buenos Aires, s/f
José María Valle-Riestra	1. *Ollanta* (Acto 2). Dúo Yaraví 2. *Ollanta* (Yaraví, piano solo)	Perú	II-VI	1. Canto a dos voces y piano 2. piano	Reducción para piano de la ópera Ollanta	–

Compositor	Obra	País	Año y N°	Orgánico	Comentarios	Otras fuentes
Alberto Villalba Muñoz	1. *Canción Serrana núm. 2* 2. *Canción Serrana núm. (4) 3* [sic]	Perú	II-VII	Canto y piano	–	–
Heitor Villa-Lobos	*A prole do bebê*. Coleção de peças características (3. *Caboclinha*. A boneca de barro)	Brasil	II-XII	Piano	A Lucilia Villa-Lobos	*Prole do bebê 1, Danças Características Africanas, and Other Works*. Edición Dover, Nueva York, 1996
Alberto Williams	1. *Santos Vega bajo un sauce llorón* (milonga) 2. *Adiós a la tapera* (milonga)	Argentina	I-V	Piano	1. A Rafael Obligado 2. A Rubén Darío 1 y 2. Edición de Música de América	*Milongas. Aires de la Pampa. Danses Argentines para piano Op. 64*. (Núm. 6 *Adiós a la tapera*. Núm. 7 *Santos Vega bajo un sauce llorón*). Edición La Quena, Buenos Aires, 1951

(1) Compositor nacido en Italia. Llegó a la Argentina cuando tenía tres años de edad.
(2) Compositor español (sacerdote jesuita), radicado en Argentina.
(3) Compositor belga radicado en Argentina.
(4) Compositor nacido en Francia. Llegó a la Argentina siendo muy pequeño.
(*) Compositor italiano radicado en Argentina.

6. La iconografía

Si bien no es nuestra intención analizar aquí las ilustraciones de la publicación, sí nos interesa destacar que en ese campo parecen replicarse las controversias estéticas presentes en los discursos sobre música. En el primer número se hace mención a ello de la siguiente manera:

> Dos artistas de excepción: Rodolfo Franco y Alfredo Guido, honran a *Música de América* con hermosos dibujos decorativos, que por sí solos, evidencian ya que en América hay talento creador. El primero, dentro de un universalismo apenas rozado por el arte aborigen; el segundo, intensamente impregnado de arte incaico, dan carácter y orientación estética a esta revista. Sería tan insensato querer prescindir de la belleza aria a la cual estamos atados por lazos espirituales, como desechar en absoluto las creaciones de las razas aborígenes, que iniciaron la vida artística en el continente, que a nosotros toca continuar y elevar al rango de arte superior. Franco y Guido, con su talento y su personalidad, a pesar de medios distintos de expresión, son americanos, por su espíritu, como por su tendencia; representan dos aspiraciones, de cuya unión nacerá el gran arte continental, que todos esperamos ansiosamente.[47]

Cuando se observan con detenimiento las viñetas, es difícil encontrar rasgos "aborígenes" –como lo sugiere el artículo– en la obra de Franco, mientras que Guido realiza ilustraciones completamente evocativas del ideario andino. Las estéticas de cada dibujante son, casi podríamos decir, contrarias; sin embargo, desde la revista se trata de buscar un discurso que las amalgame en una unidad americana, simplemente por el hecho de *ser* americanos los autores.

---

[47] "A Nuestros Lectores", *Música de América*, año I, núm. I, marzo de 1920.

7. Para concluir

Hemos indagado de manera sucinta en las características, la estructura y los núcleos temáticos centrales abordados en la revista estudiada, e intentamos realizar una vinculación entre ellos y las composiciones y los autores cuyas músicas aparecieron publicadas en sus páginas.

Aunque todavía con carácter preliminar, como lo indica el presente estudio, podría concluirse que el discurso en torno a la construcción de una música tanto nacional como americana demostró en sí mismo la imposibilidad de una estética común que represente en sus sonidos a América Latina en su conjunto. Sin embargo, sí puede percibirse la incipiente construcción de un imaginario y de un ideario sobre esta música, que persiste incluso hasta nuestros días. Que obras de compositores argentinos hayan sido consagradas y se conciban de forma ingenua aún hoy como "nacionales" por referencias folclóricas en sus títulos –o en las letras, en el caso de las canciones–, cuando a primera audición no se reconozcan como tales, demuestra la fuerte influencia del discurso por sobre la música que, a su vez, fortaleció y aportó nuevos elementos en la constitución de la nacionalidad argentina en la década de 1920.

Por otro lado, las contradicciones estéticas en *Música de América* entre nacionalismo y modernismo respondieron claramente a una primacía de lazos sociales, como los que parece haber mantenido Talamón con Le-Bellot y con Fornarini, lo que permitió compartir estos discursos antitéticos. En suma, aunque el mismo Talamón, como promotor del americanismo musical, haya sido consciente del carácter utópico que contenía su propuesta, nunca dejó de perseguirla:

> Los países americanos viven aislados, sin ningún contacto intelectual (dentro de su modesta esfera, esta Revista aspira a difundir la labor de los artistas continentales), sin intercam-

bio artístico, lo que origina un absoluto desconocimiento entre pueblos unidos por comunes aspiraciones y hace imposible –reconozcámoslo, lealmente– una confraternidad sincera, asentada sobre sólidas bases. Estamos al tanto de todo lo que pasa en Europa, ignoramos lo que acontece en el continente, donde moran pueblos hermanos, que siguen una evolución política, social y artística, paralela a la nuestra... No nos engañemos con palabras huecas y con discursos diplomáticos; América será grande y unida, cuando las almas de sus habitantes se hayan compenetrado unas con otras, o sea cuando las manifestaciones literarias, artísticas y musicales de cada agrupación *política* –en Sud América no puede hablarse de *razas*, desde que hay una sola– irradien sobre las demás.[48]

Bibliografía

AA.VV. (2001), *Estudios y documentos referentes a Manuel Gómez Carrillo*, Buenos Aires, Academia de Artes y Ciencias de San Isidro, 2 volúmenes.

Anderson, Benedict (1991), *Comunidades imaginadas. Reflexiones sobre el origen y la difusión del nacionalismo*, México, Fondo de Cultura Económica.

Arpini, Adriana (2004), "Posiciones en conflicto: latinoamericanismo-panamericanismo", Hugo E. Biagini y Arturo A. Roig (dir.), *El pensamiento alternativo en la Argentina del siglo XX*, Buenos Aires Biblos, tomo I, pp. 31-50.

Boero de Izeta, Carlota (1978), *Felipe Boero*, Buenos Aires, Ministerio de Cultura y Educación.

Cantón, Darío y Moreno, José L. (2005), *Historia Argentina 6: la democracia constitucional y su crisis*, Buenos Aires, Paidós.

---

[48] Talamón, Gastón O., "Héctor Villa-Lobos. Un gran compositor brasileño", *Música de América*, año II, núm. XII, diciembre de 1921.

Casares, Emilio (dir.) (1999-2002), *Diccionario de la música española e hispanoamericana*, Madrid, SGAE, 10 tomos.

Claro Valdés, Samuel y Urrutia Blondel, Jorge (1973), *Historia de la música en Chile*, Santiago de Chile, Editorial Orbe.

Corrado, Omar (2010), *Música y modernidad en Buenos Aires (1920-1940)*, Buenos Aires, Gourmet Musical Ediciones.

Croce, Marcela (2009), "Latinoamericanismo. Historia intelectual de una geografía inestable", *Espacios de Crítica y Producción*, núm. 42, Buenos Aires, Publicación de la Facultad de Filosofía y Letras, UBA, noviembre de 2009, pp. 128-134.

Dahlhaus, Carl (1980), "Nationalism and music", *Between Romanticism and Modernism*, traducido por Mary Whittall, Los Ángeles, University of California Press, pp. 79-101.

Devoto, Fernando (2005), *Nacionalismo, fascismo y tradicionalismo en la Argentina moderna*, Buenos Aires, Siglo XXI.

Donozo, Leandro (2006), *Diccionario Bibliográfico de la música argentina: y de la música en la Argentina*, Buenos Aires, Gourmet Musical Ediciones.

Donozo, Leandro (2009), *Guía de revistas de música de la Argentina (1829-2007)*, Buenos Aires, Gourmet Musical Ediciones.

Funes, Patricia (2006), *Salvar la nación: intelectuales, cultura y política en los años veinte latinoamericanos*, Buenos Aires, Prometeo Libros.

Godoy Aguirre, Mario (2002), "1. Salgado Ayala, Francisco", Emilio Casares (dir.), *Diccionario de la música española e hispanoamericana*, Madrid, SGAE, vol. 9, p. 592.

Grier, James (2008), *La edición crítica de música*, Madrid, Akal.

Halffter, Rodolfo (1998), "Manuel M. Ponce", *Pauta*, vol. XVI, núm. 67, julio, agosto, y septiembre de 1998, pp. 32-35.

Herrera, Carlos A. (1946), "El canto uruguayo en la música de Broqua y Cluzeau-Mortet", *Revista Musical Chilena*, núm. 14, Universidad de Chile, septiembre de 1946, pp. 19-26.

Hobsbawm, Eric (1995), *Naciones y nacionalismos desde 1780*, Barcelona, Crítica.

Huseby, Gerardo y Plesch, Melanie (1999), "La música argentina en el siglo XX", José Emilio Burucúa (dir.), *Nueva historia argentina*, Buenos Aires, Sudamericana, tomo 2, pp. 212-214.

Kuss, Malena (1998), "Nacionalismo, identificación y Latinoamérica", *Cuadernos de Música Iberoamericana*, núm. 6, Madrid, Fundación Autor, pp. 133-149.

Madrid, Alejandro L. (2010), "Música y nacionalismos en Latinoamérica", *A tres bandas. Mestizaje, sincretismo e hibridación en el espacio sonoro iberoamericano (siglos XVI-XX)*, Madrid, SEACEX, pp. 227-235.

Mansilla, Silvina (2007), "Heitor Villa-Lobos en Buenos Aires durante la década de 1920: modernismo, recepción y campo musical", *Per Musi. Revista acadêmica de musica*, núm. 16, Belo Horizonte, Universidad Federal de Mina Gerais, julio / diciembre de 2007, pp. 42-53.

Mansilla, Silvina (2010), "El discurso periodístico de Gastón Talamón en torno al nacionalismo musical argentino", *Huellas*, año 7, núm. 7, Mendoza, Universidad Nacional de Cuyo, mayo de 2010, pp. 67-74.

Mansilla, Silvina (dir.) (En prensa), *Estudios sobre música y prensa periódica en Buenos Aires*, Buenos Aires, Gourmet Musical Ediciones.

Mello, Paolo (1998), "Hacia una nueva lista de las obras de Ponce", *Heterofonía*, vol. XXXI, núms. 118-119, México DF, Centro Nacional de Investigación, Documentación e Información Musical, enero-diciembre de 1998, pp. 231-236.

Méndez, Marcela (2001), *Celia Torrá. Ensayo sobre su vida y su obra en su tiempo*, Entre Ríos, Editorial de Entre Ríos.

Miranda, Ricardo (1998a), "Exploración y síntesis en la música de Manuel M. Ponce (primera parte)", *Pauta*, vol. XVI, núm. 67, julio, agosto y septiembre de 1998, pp. 36-57.

Miranda, Ricardo (1998b), "Exploración y síntesis en la música de Manuel M. Ponce (segunda y última parte)", *Pauta*, vol. XVII, núm. 68, octubre, noviembre y diciembre de 1998, pp. 16-35.

Paraskevaídis, Graciela (1992), *Eduardo Fabini*, Montevideo, Ediciones Trilce.

Pérez Montfort, Ricardo (1998), "Entre 'nacionalismo', 'regionalismo' y 'universalidad'. Aproximaciones a una controversia entre Manuel M. Ponce y Alfredo Tamayo Marín en 1920-1921", *Heterofonía*, vol. XXXI, núms. 118-119, México DF, Centro Nacional de Investigación, Documentación e Información Musical, enero-diciembre de 1998, pp. 41-51.

Plesch, Melanie (1992), "El rancho abandonado de Alberto Williams: una reflexión en torno a los comienzos del nacionalismo musical", *Actas de las Jornadas del 5º Centenario del Descubrimiento de América*, Buenos Aires, UBA, pp. 196-202.

Plesch, Melanie (2008), "La lógica sonora de la generación del 80: una aproximación a la retórica del nacionalismo musical argentino", Bardin, Pablo y Plesch, Melanie *et al.*, *Los caminos de la música. Europa y Argentina*, Jujuy, Universidad Nacional de Jujuy, pp. 57-108.

Ponce, Manuel M. (1919), "El folk-lore musical mexicano", *Revista Musical de México*, tomo I, núm. 5, Ediciones México Moderno, 15 de septiembre de 1919, pp. 5-9.

Salgado, Susana (1980), *Breve historia de la música culta en el Uruguay*, Montevideo, A. Monteverde y Cía.

Urrutia Blondel, Jorge (1959), "In Memóriam. Apunte sobre Próspero Bisquertt", *Revista Musical Chilena*, año XIII, núm. 67, Universidad de Chile, septiembre-octubre de 1959, pp. 56-61.

Vega, Carlos (1981), *Apuntes para la Historia del Movimiento Tradicionalista Argentino*, Buenos Aires, Instituto Nacional de Musicología "Carlos Vega".

Veniard, Juan María (1986), *La Música Nacional Argentina*, Buenos Aires, Instituto Nacional de Musicología "Carlos Vega".

Veniard, Juan María (2000), *Aproximación a la música académica argentina*, Buenos Aires, EDUCA.

Hemerografía

Apolo, Rosario, 1919-1920.
La Quena, Buenos Aires, 1919-1936.
Música de América, Buenos Aires, 1920-1922.
Música, Santiago de Chile, 1920-1924.

PARTITURAS

Nota sobre la edición

La presente edición consiste en la transcripción revisada y corregida de las partituras contenidas en la revista *Música de América*. Para ello, en los casos que ha sido posible, nos hemos valido de otras ediciones para poder contrastarlas respetando las obras tal como fueron publicadas en la revista.

La intención principal de esta edición es que las obras sean ejecutadas. En este sentido, se actualizaron y normalizaron ciertos elementos de la notación para facilitar la lectura, y a su vez, se respetaron otros, tratando de ser, en la medida de lo posible, fidedignos al original. El criterio de ordenamiento elegido fue alfabético por compositor.

Flor de Cardo

Poesía de Carlos Ortiz
Música de José André

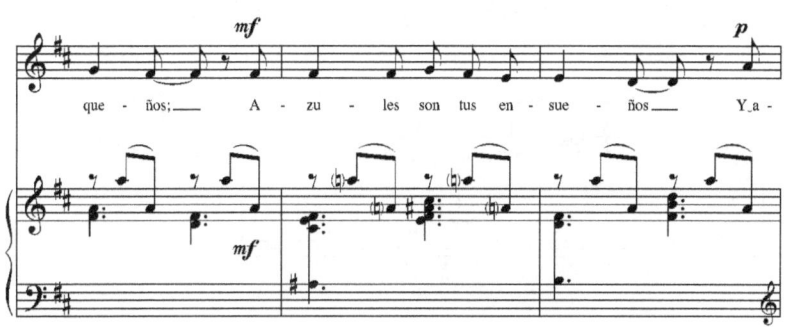
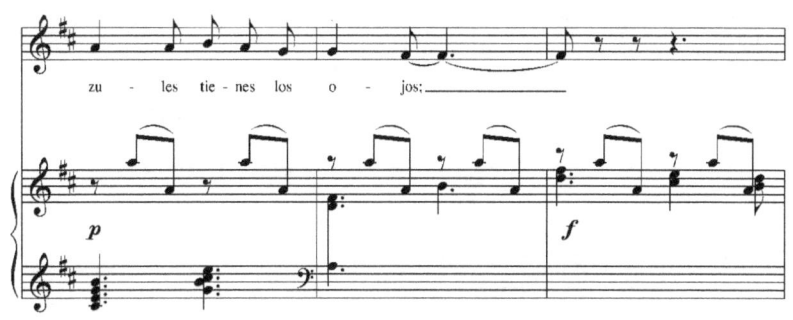

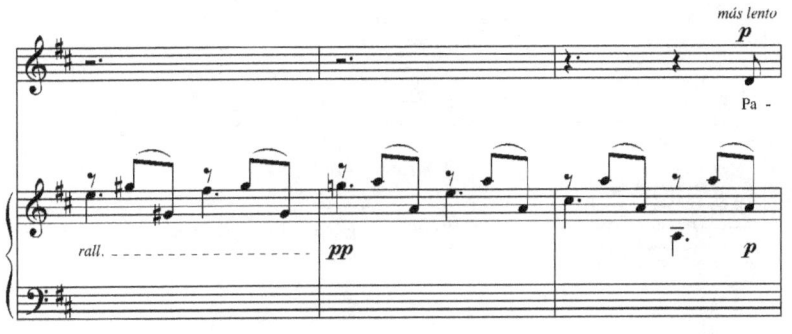
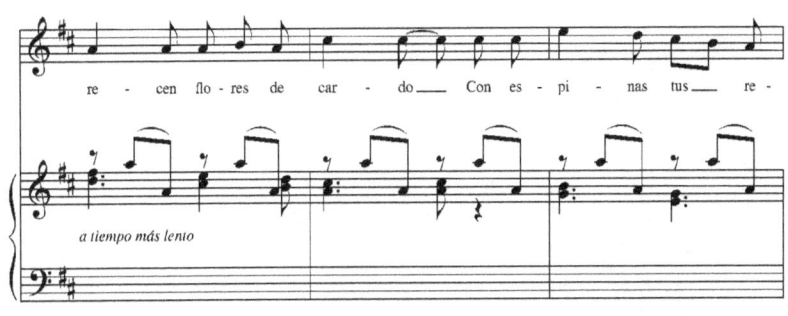

Dedicado a la Sra. Elena K. de Merino y Sta. Adriana Konenena Kamp M.

Leyenda de la Tarde
(Poema para piano)

Op. 73

Aníbal Aracena Infanta

"Es la tarde -La hora del Angelus- Todo está en calma, la luna comienza a derramar sus argentinos rayos y los dos seres en medio de la floresta detienen su dulce diálogo al percibir el tañido lejano y solemne de las campanas. Se mezclan sus sonidos con las notas cadenciosas de la naturaleza; se suceden las armonías en portentoso y apasionado *crescendo*, el ambiente está saturado de música y poesía, es el *Himno Universal* que dos almas afines, dos corazones que laten unísonos en amoroso diapasón sienten en toda la sublime plenitud, bendiciendo mil veces la creación, la vida y el amor"

E. G. C.

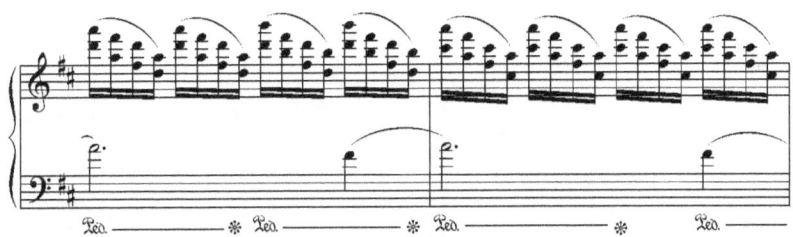

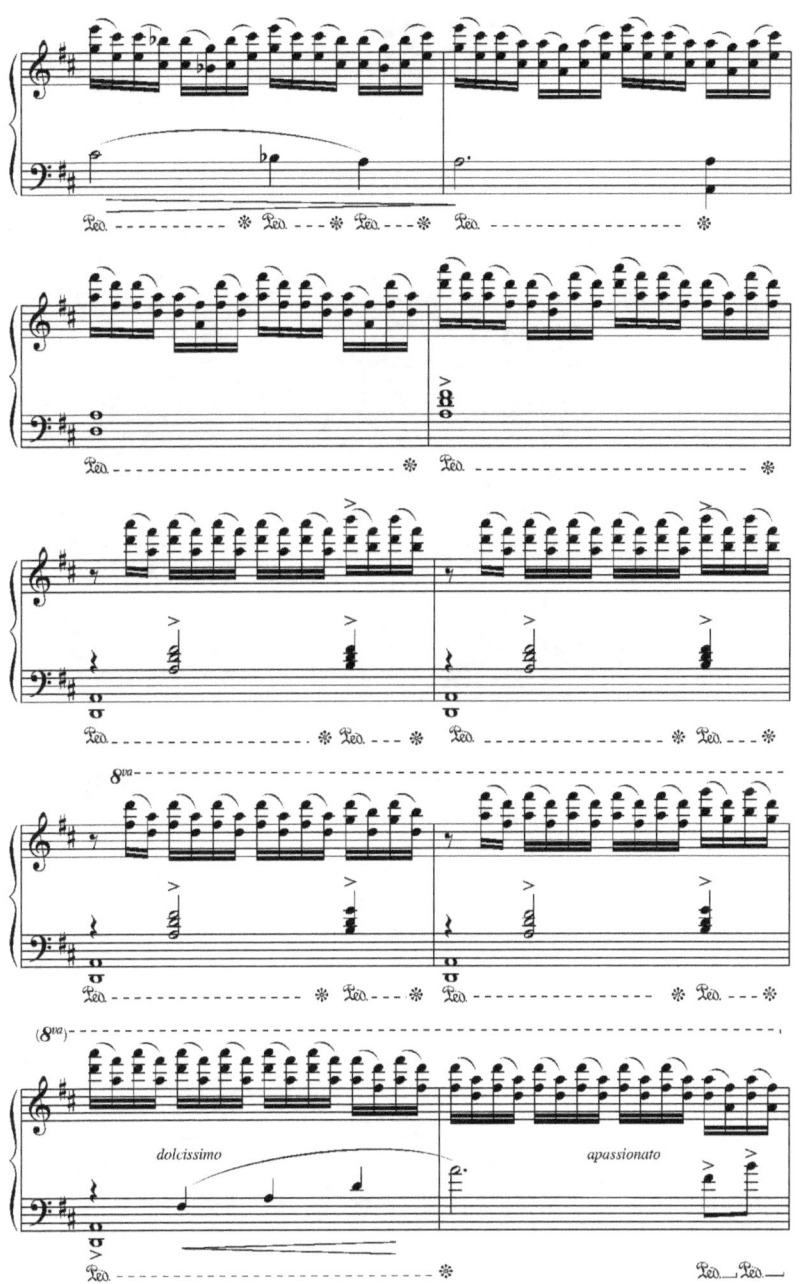

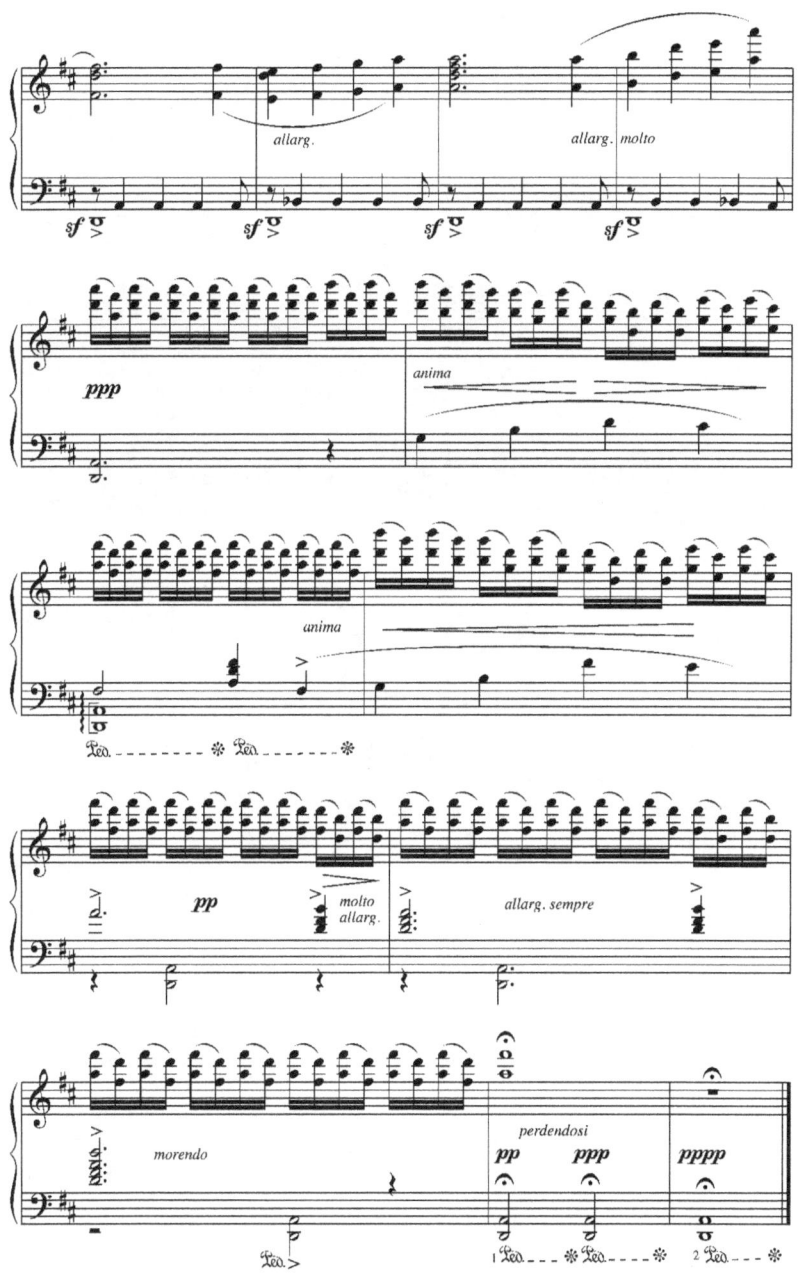

Nostalgia llanera

Pablo M. Beruti

La niñita regalona

Próspero Bisquertt

Preludio Nº 4

Próspero Bisquertt

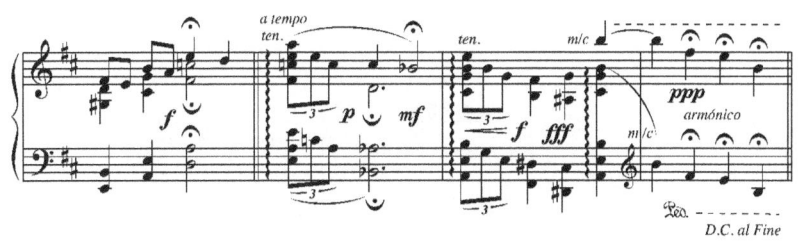

D.C. al Fine

Ariana y Dionysos
2.º CUADRO
Danza de Bacantes

Poema de Leopoldo Díaz

Música de Felipe Boero

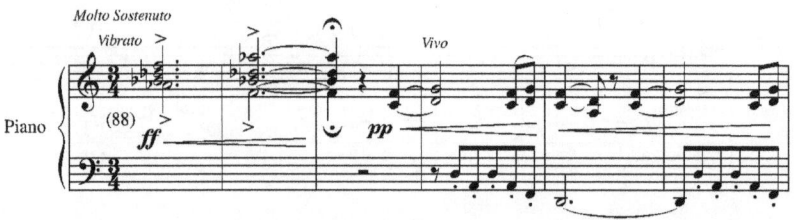

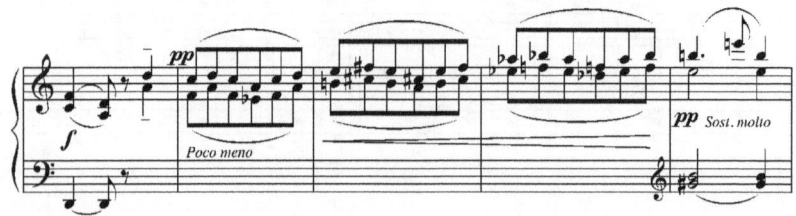

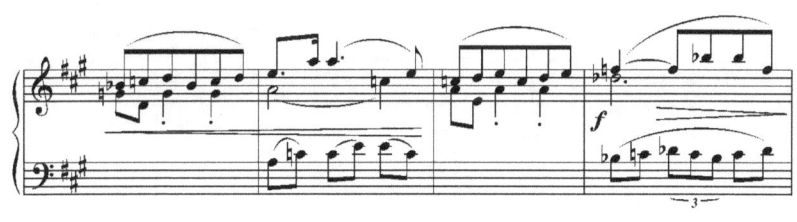

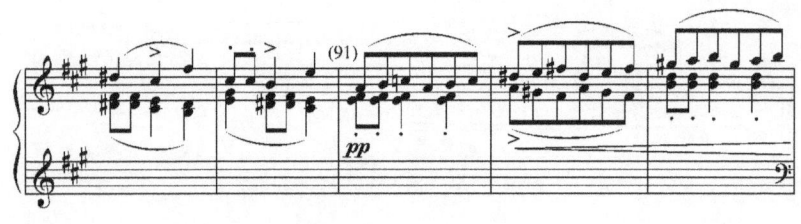

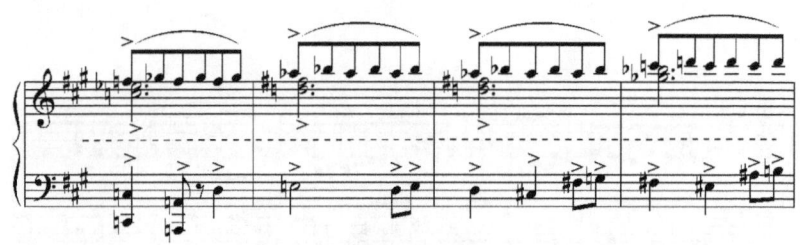

La cruz del sud
Drama lírico en 3 actos y 5 cuadros

Poema y Música del
Mtro. Alfonso Broqua

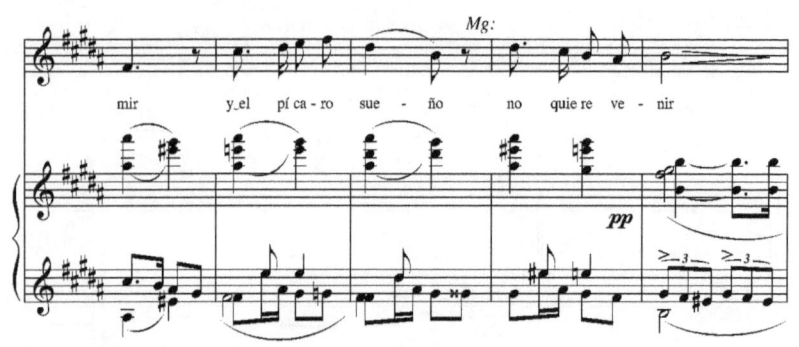

Humoreske

A Elvira Viale

José María Castro

Río Indígena

Versos de
Andrés Lerena Acevedo

Luis Cluzeau Mortet

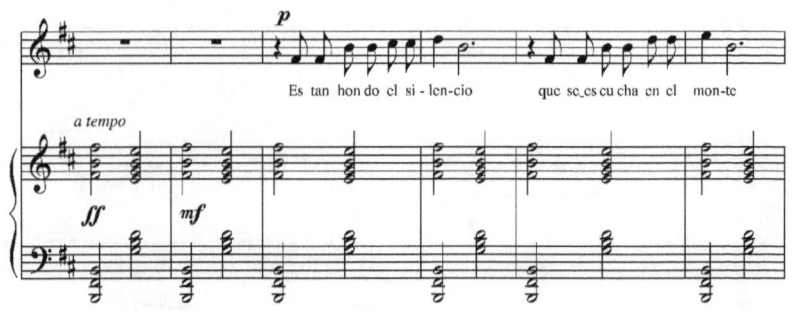

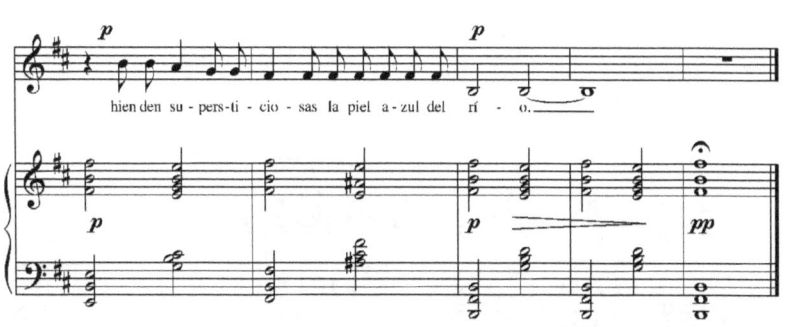

Sarabanda

De la Suite op. 7
dedicada al
Mtro. Eduardo Fornarini

por Joaquín Cortés López

Regreso

Soneto de R. Canabal Enrique de Herrera y Lerena

A Elena Rakowska de Serafin
A Ti Única
Para canto y piano

Letra de
Leopoldo Lugones

Música de
Pascual de Rogatis

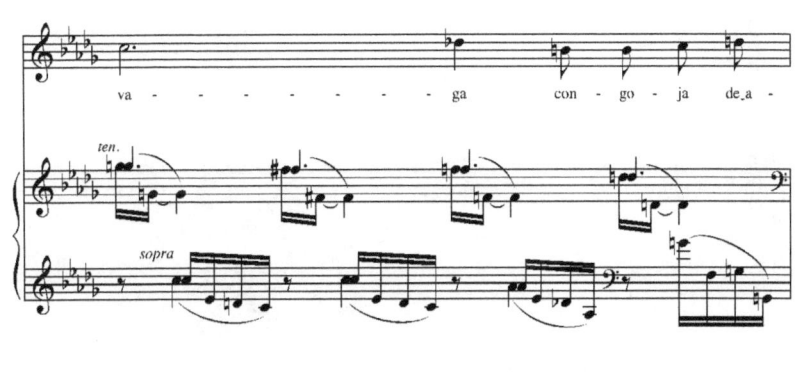
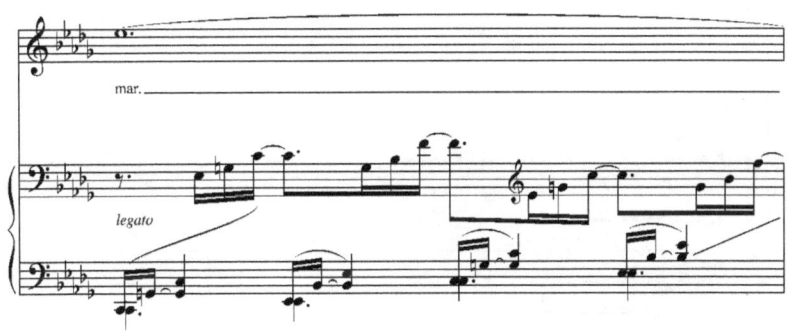

(1) Deseando interpretar con la "mayor verdad el sentimiento" que la letra sugiere, he creído indispensable citar dos compases de "*Chant du Soir*" de Schumann. P. De Rogatis. [N. de la E.: Nota al pie en la partitura original. La pieza a la que hace referencia el compositor se titula originalmente *Abendlied*, Nº 12 del op. 85].

Giga

A Alberto Williams

Víctor de Rubertis

Ninna-Nanna
Pastorale

A Camilo Giucci　　　　　　　　　　　　　　　　　　Domingo Dente

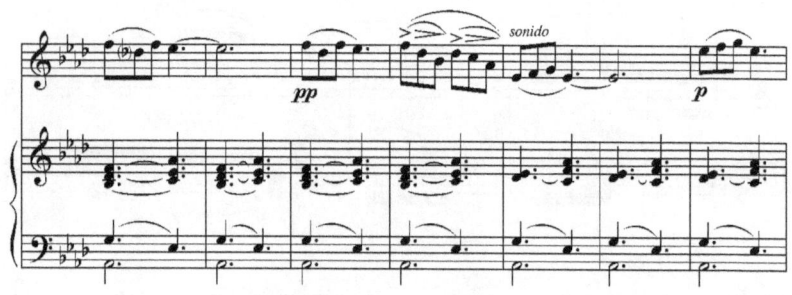

Sarandí en la Corriente
(Reducción para piano)

Eduardo Fabini

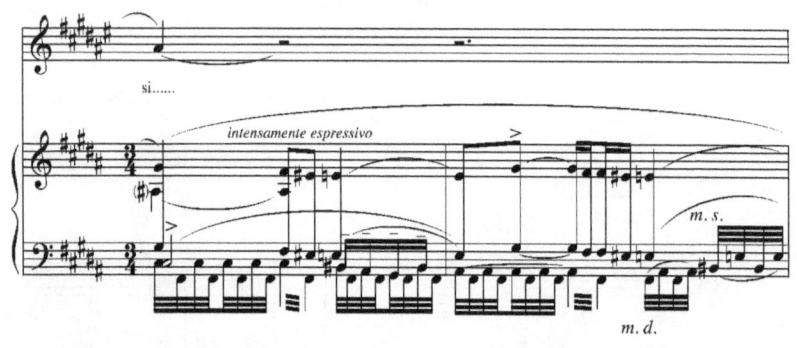

(A mi querido amigo el Doctor Isaac López)
El Zorzal

Poesía de
Edmundo Montagne

Música de
Vicente Forte

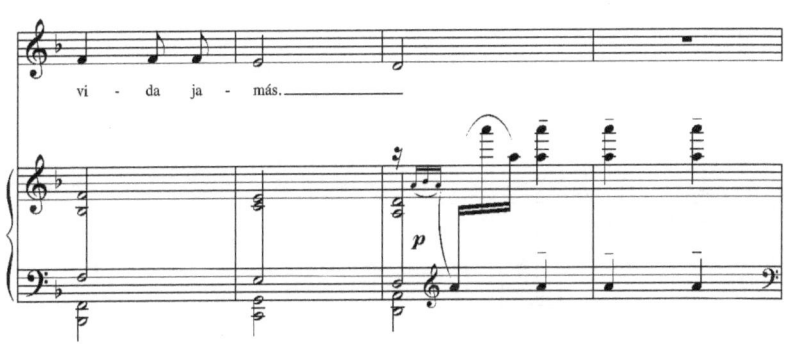
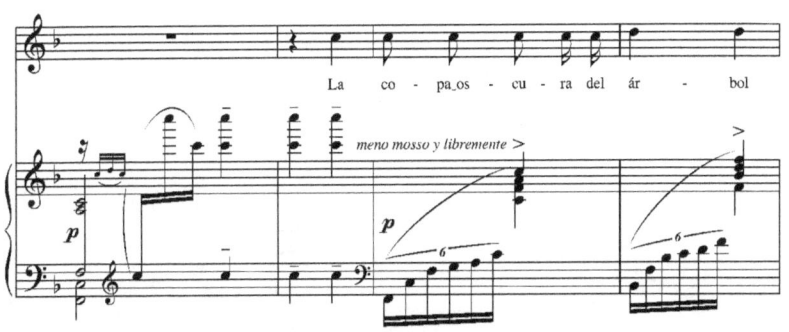

La Abeja

A José María Franco

José Gil

Bailecito
Tomado en Humahuaca

Manuel Gómez Carrillo

(1) *Después de una pausa se repite todo.*
[N. de la E.: nota en la partitura original]

Vidala
(De lejas tierras)

Manuel Gómez Carrillo
Tomada a Guillermo Agüero (La Ceja)

Canto Indígena
Tomado en Alto la Torre (Jujuy)

Manuel Gómez Carrillo

Nota: A esta música se aplican muchas otras coplas de acuerdo con la intención del cantor o con la fiesta que se celebra.
[N. de la E.: nota en la partitura original]

Zamba
Tomada a Baltazar Gallardo - (arpista ciego)

Manuel Gómez Carrillo

El Cuando
Danza característica santiagueña
Adaptación para Violín
con acompañamiento de Piano

Manuel Gómez Carrillo

Campera
(Al estilo popular)

Transcripción para piano

A mi querido amigo
Dr. Miguel Cané

Carlos López Buchardo

Preludio

Arturo Luzzatti

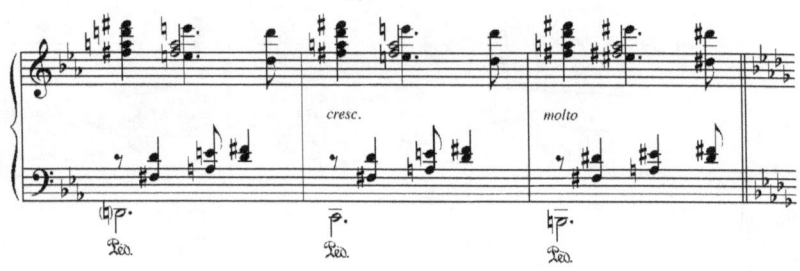

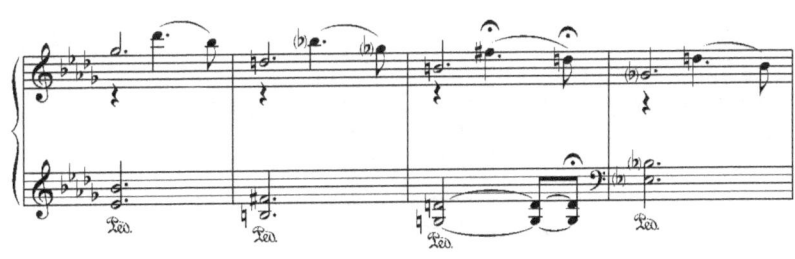

Canción Triste
Melodía popular

A Sara G. P.

Alberto Machado

Canción del boyero

A Félix Etcheverry

Juan Bautista Massa

Ballet des Marionnettes

Por Gabriel Palau

En los Andes

Edmundo Pallemaerts

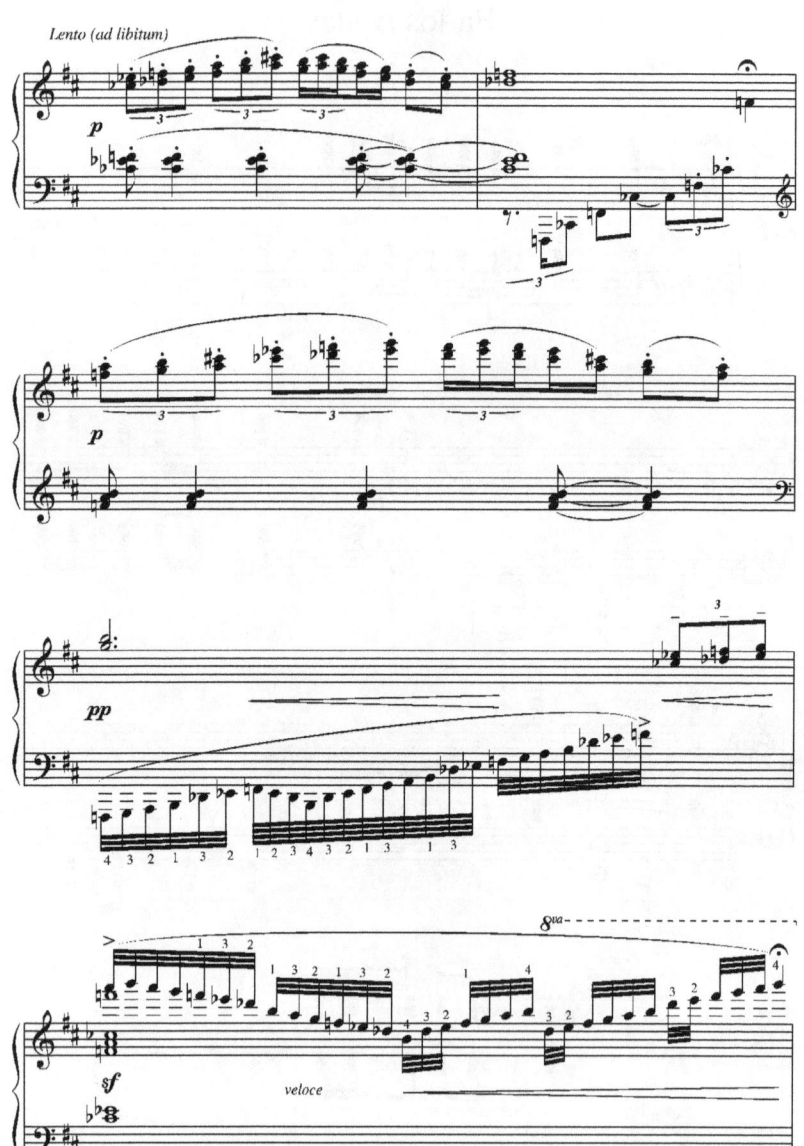

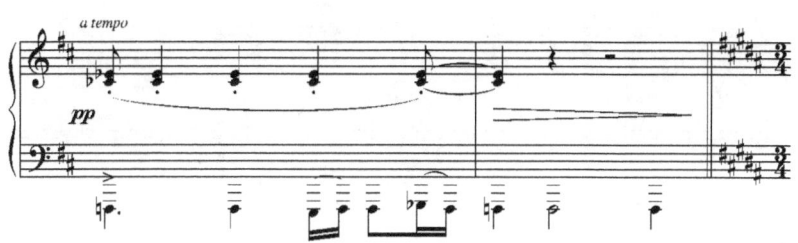
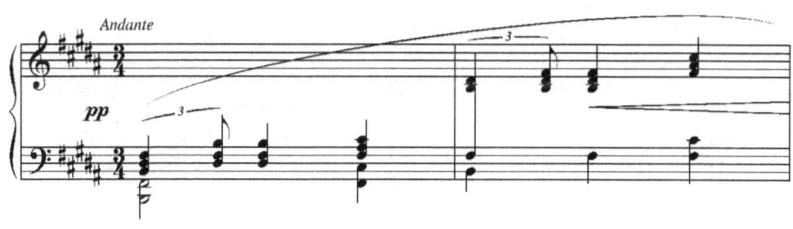

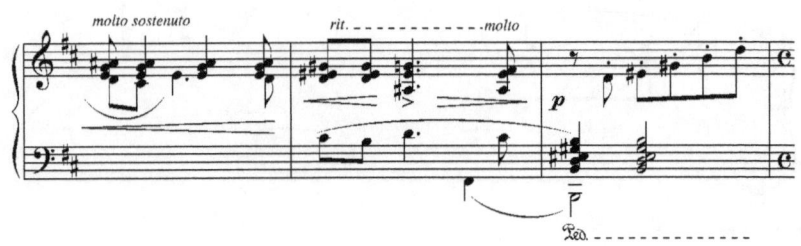

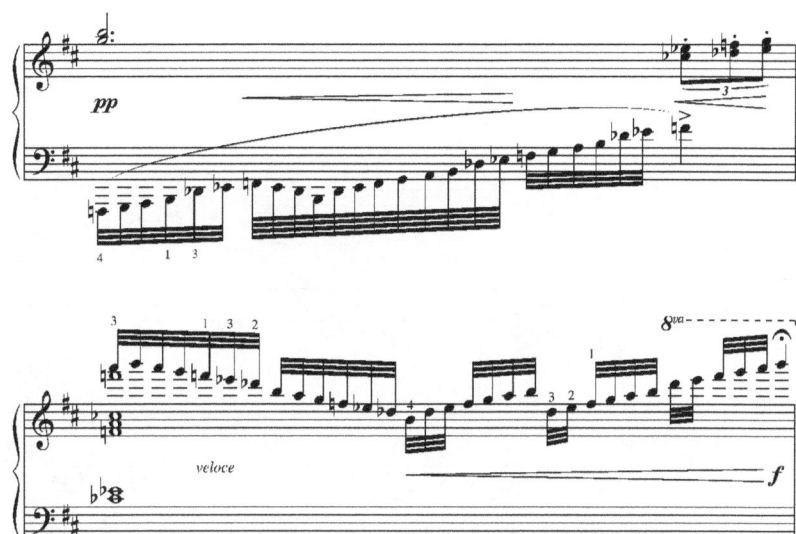

La Blanca Rosa

Letra de Leopoldo Lugones Música de Víctor A. Pasqués

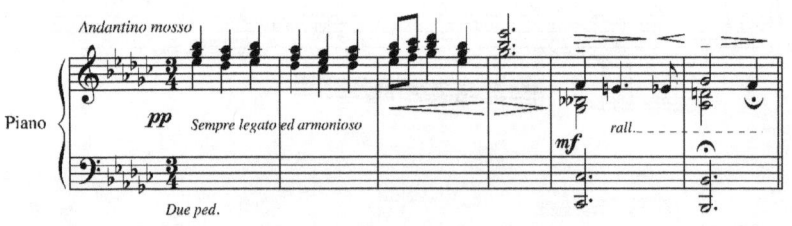

Ro - sa de nie - ve, ro - sa so - li - ta - ria Que a - ma - ba el cis - ne de Ru-

bén Da - rí - o Blanca flor de pu - re - za y de ple-

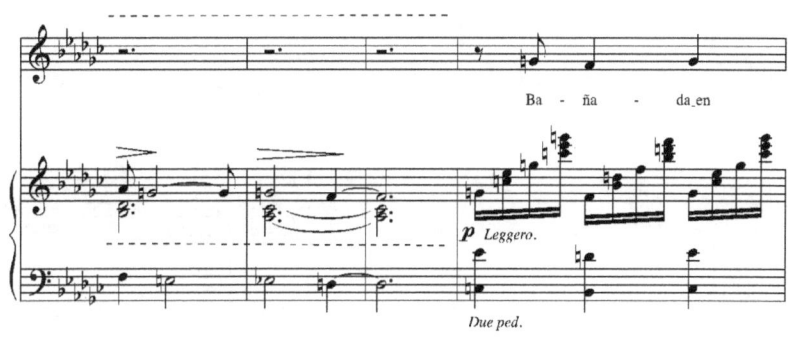

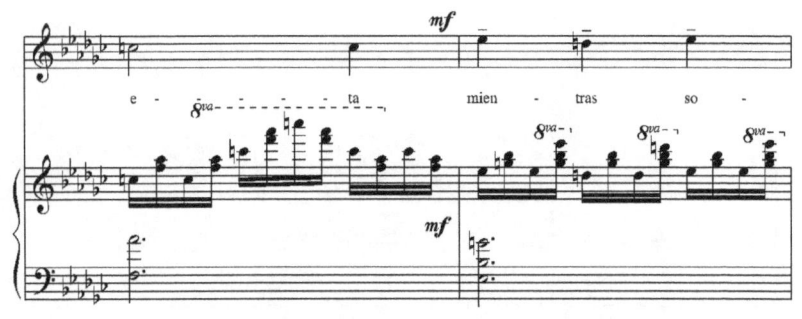

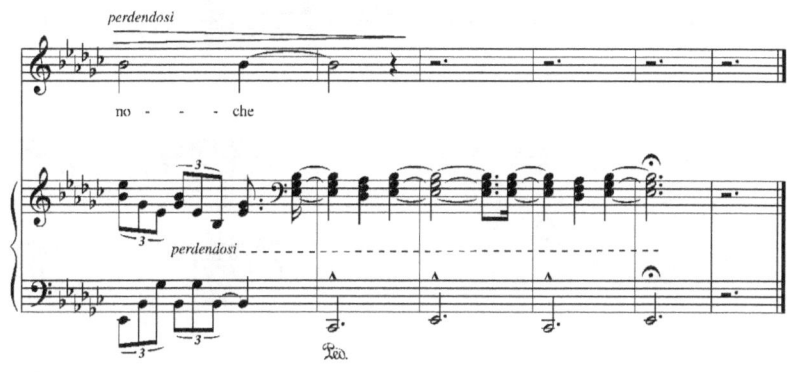

La Chilota
(cueca)

Celerino Pereira

Lejos de Ti

Palabras y música
de Manuel M. Ponce

Las Mañanitas

Manuel M. Ponce

Las Mariposas

Letra de
Luis María Iglesias

Música de
Ricardo Rodríguez

Romanza N° 2

A mi distinguido amigo
Don Gastón O. Talamón

Por Francisco A. Salgado

Canción variada

A María Costa-Barbé

Armando Schiuma

Triste

Letra de Luis Agote Música de César A. Stiattesi

+ *Más acentuado* [N. de la E.: indicación en la partitura original]

Beati mundo corde

Motet a 3 voix mixtes

Celia Torrá

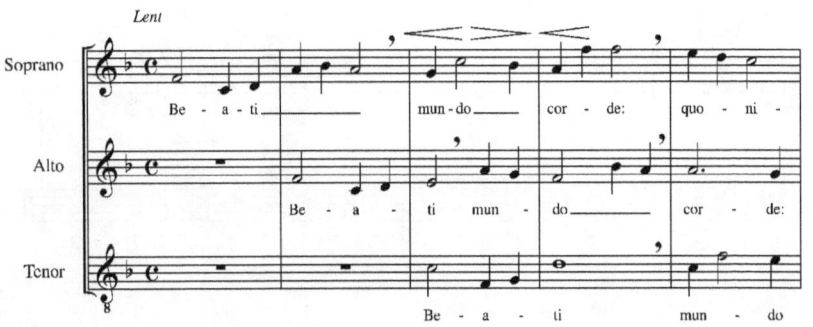

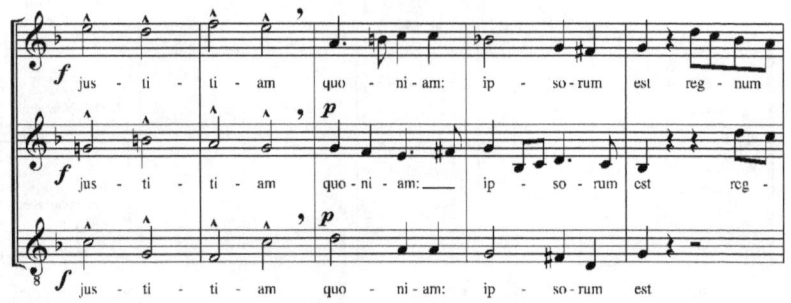
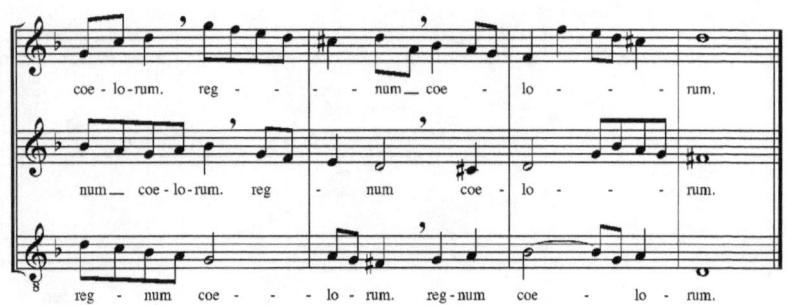

El indiecito de Pichi-Mahuida

Nº 4 de "Canciones" (en estilo popular)

Nº 12 del libro titulado
"Madrigales" de
P. Cavestany

Música de
José Torre Bertucci

Saika

Cuento de Hadas en un acto y dos cuadros

Poema y música de
Floro M. Ugarte

Segundo cuadro   Un bosque encantado

Un poco lento y misterioso ($\bullet$ = 76)   Las nubes que ocultan la escena se disipan poco a poco

ESCENA I. Claudio, Lilia, Espíritus Malignos.

Claudio y Lilia reposan juntos al pie de un árbol que se encuentra a la izquierda en primer plano.

Scherzando — Los Espíritus Malignos, cuidando el sueño de los jóvenes, bailan en ronda.

Ágilmente los Espíritus Malignos, desaparecen entre la maleza.

ESCENA II. Claudio. Lilia.

Claudio se despierta y mira con asombro a su alrededor

Bajo el Parral
Nº 1 de las Baladas Argentinas

Floro M. Ugarte

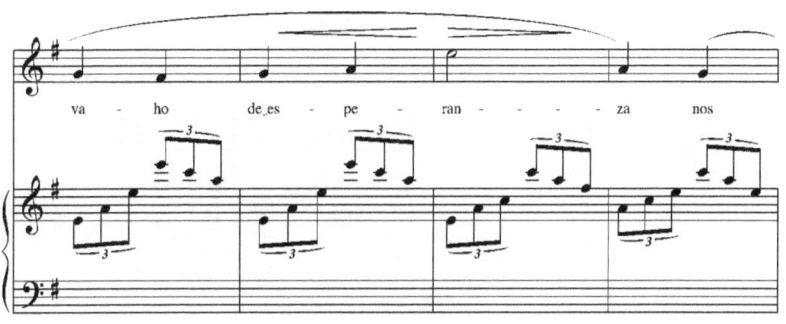
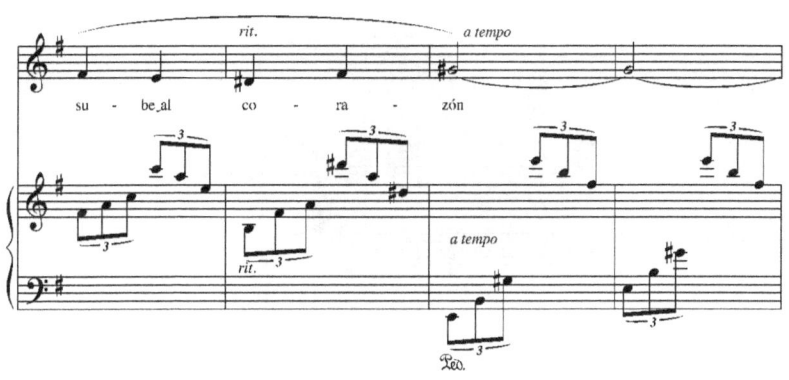
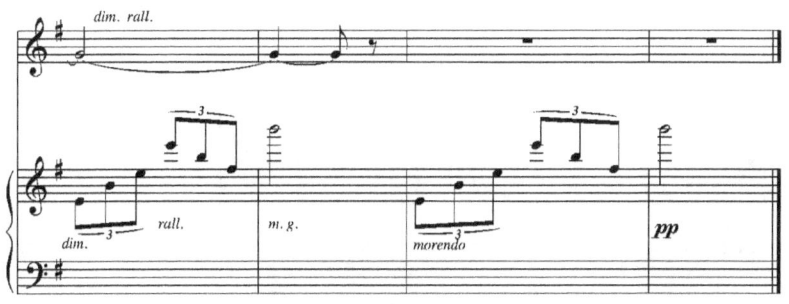

Ollanta
Acto 2. Dúo Yaraví

José María Valle Riestra

Ollanta

Yaraví - Piano solo

José María Valle Riestra

Canción Serrana
Nº 2

Alberto Villalba Muñoz

Dos a-man-tes pa-lo-mi-tas____ lle-nan sus pi-cos y

llo-ran____ Y en vie-jos ár-bo-les mo-___-ran

Canción Serrana
Nº (4) 3

Alberto Villalba Muñoz

1ª. Lo ar-dien-te de mi pa - tria____
(Todos) 2ª. Re - ci - bid las dul-ces no - tas____

A Lucilia Villa-Lobos

A Prole do Bebê (Nº 1)
Coleção de peças características

3. Caboclinha - A boneca de barro

Heitor Villa-Lobos

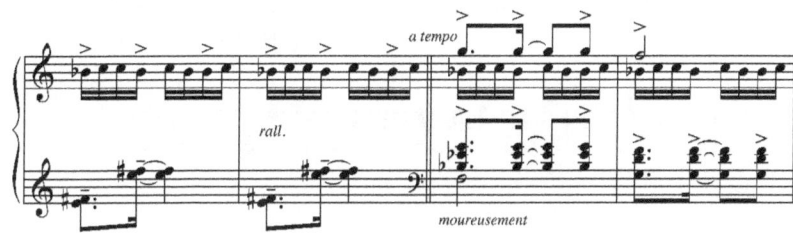

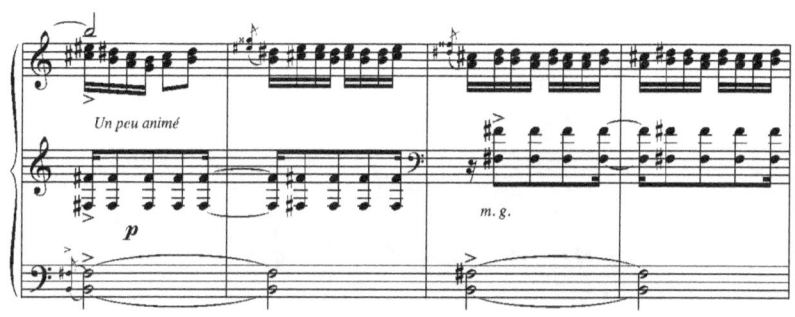

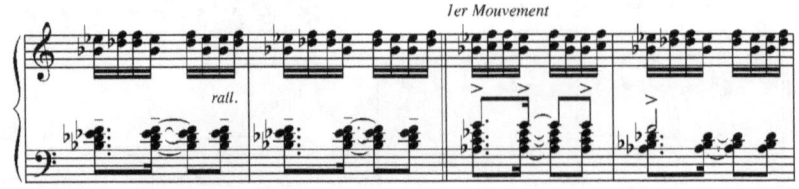

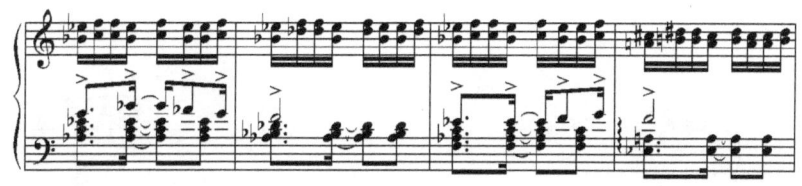

Santos Vega bajo un sauce llorón
Milonga

A Rafael Obligado

Alberto Williams

Adiós a la Tapera
Milonga

A Rubén Darío

Alberto Williams

www.ingramcontent.com/pod-product-compliance
Lightning Source LLC
Chambersburg PA
CBHW031311150426
43191CB00005B/172